중학생이 되기 전 꼭 알아야 할
진짜 쉬운 과학

중학생이 되기 전 꼭 알아야 할
진짜 쉬운 과학

초판 1쇄 인쇄 2025년 9월 5일
초판 1쇄 발행 2025년 9월 15일

글 야마우치 스스무 **감수** 사마키 다케오 박은서 **번역** 곽범신

펴낸곳 도서출판 개암나무(주)
펴낸이 김보경
경영관리 총괄 김수현   **경영관리** 배정은 조영재
편집 조원선 김소희 오은정 이혜인   **디자인** 이은주   **마케팅** 이기성
출판등록 2006년 6월 16일 제22-2944호

주소 서울특별시 용산구 한남대로40길 19, 4층(한남동, JD빌딩) (우)04417
전화 (02)6254-0601, 6207-0603   **팩스** (02)6254-0602   **E-mail** gaeam@gaeamnamu.co.kr
개암나무 블로그 http://blog.naver.com/gaeamnamu   **개암나무 카페** http://cafe.naver.com/gaeam

12Sai madeni Minitsuketai Kagaku no Cho Kihon
copyright© 2022 by Takeo SAMAKI
First published in Japan in 2022 by Asahi Shimbun Publications Inc.
Korean translation rights arranged with Asahi Shimbun Publications Inc.
through Shinwon Agency Co., Ltd
Korean edition copyright 2025 GAEAMNAMU

이 책의 한국어판 저작권은 신원 에이전시를 통한 저작권자와의 독점 계약으로 개암나무(주)에 있습니다.
저작권법에 의해 한국 내에서 보호를 받는 저작물이므로 무단 전재와 무단 복제를 금합니다.

ISBN 978-89-6830-886-4 73400

품명 아동 도서 | **제조년월** 2025년 9월 15일 | **사용연령** 11세 이상
제조자명 개암나무(주) | **제조국명** 대한민국 | **전화번호** 02-6254-0601
주소 서울특별시 용산구 한남대로40길 19, 4층(한남동, JD빌딩)

중학생이 되기 전 꼭 알아야 할

진짜 쉬운 과학

야마우치 스스무 글
사마키 다케오·박은서 감수
곽범신 번역

개암나무

시작하며

여러분은 체중계로 몸무게를 재 본 적이 있나요? 500 mL 주스 한 병을 마신 다음 몸무게를 재면 어떻게 될까요? 아니면 자기 전에 몸무게를 재고, 아침에 일어나자마자 다시 재면요? 몸무게가 늘어나거나 줄어들 거예요. 그 이유는 다음과 같아요.

'물질은 무게를 갖고 있다.'

'다른 물질이 더해지면 그만큼 무거워진다.'

'물질이 빠져나가면 그만큼 가벼워진다.'

자연은 원자나 분자 등 눈에 보이지 않는 아주 작은 세계부터 넓디넓은 우주까지 무척이나 광활해요. 우리 눈에 보이는 돌, 흙, 풀, 나무, 곤충, 새, 동물, 인간, 강, 바다, 하늘, 별 외에도 수없이 많죠. 과학자는 자연을 연구해서 상식적으로는 생각하기 힘든 일, "앗!" 하고 놀랄 법한 수많은 일을 밝혀 왔어요. 그렇게 쌓인 지식이 바로 자연과학(이하 '과학')이라는 학문이죠.

그럼에도 여전히 밝혀지지 않은 사실이 무척이나 많아요. 그래서 과학자들은 밤낮으로 연구를 이어 나가고 있지요.

    이 책은 지금까지 알아낸 사실과 광대한 자연의 비밀 중 기본적인 내용을 이야기하고 있어요. 과학의 '기본'을 익히면 자연에서 알아야 할 사실이나 자연에 작용하는 힘을 깨달을 수 있지요.

    인간을 포함해 우리 주변에 있는 자연은 재미있는 일들로 가득해요.

    저는 여러분이 이 책을 읽고 "이건 어떨까? 저건 어떨까?" 하고 질문을 가져 보길 바랍니다. 호기심과 궁금증을 품고 공부한다는 건 풍요로워지고 현명해지기 위해 무척 중요하고 끊임없이 이어져야 할 일이에요.

감수 사마키 다케오

목차

만화 프롤로그 … 4
시작하며 … 8
등장인물 소개 … 15

① 생물의 세계

만화 생물이 궁금해! … 16
생물이란 무엇일까? … 18
식물의 구조 … 20
동물의 분류와 몸의 구조 … 22

② 인체의 구조

만화 사람과 동물의 차이점 … 24
사람의 손발 구조 … 26
몸을 지탱하고 움직이는 뼈와 근육 … 28
영양분을 받아들이는 소화와 흡수 … 30
호흡에 꼭 필요한 허파와 혈관 … 32
임신과 태아의 성장 … 34
풀어 보자! 퀴즈① 생물에 대해 알아봐요! … 36

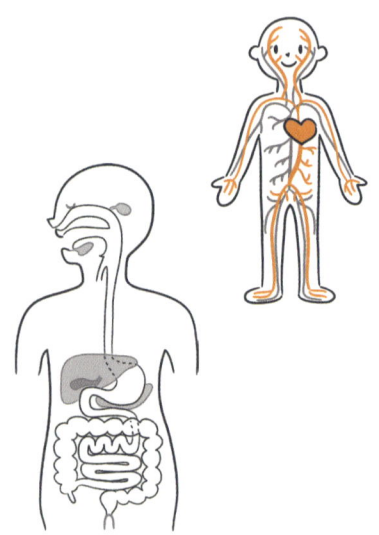

3 모든 물질을 이루는 원자나 분자

| 만화 | 얼음에 손가락이 달라붙는 이유 … 38

무게와 부피는 무엇일까? … 40

무게와 부피를 이용해서 나타내는 밀도 … 42

물질을 이루는 원자와 분자 … 44

| 좀 더 알고 싶어! | 물질과 분자의 모습 … 46

4 물질이 녹는 현상

물질이 녹는 방식과 녹는 양 … 48

용액의 성질 … 50

| 좀 더 알고 싶어! | 신기한 용액의 비밀 … 52

5 상태 변화와 화학 변화

물질의 형태가 달라지는 상태 변화 … 54

다른 물질로 변하는 화학 변화 … 56

| 좀 더 알고 싶어! | 신비로운 물질의 변화 … 58

| 풀어 보자! | 퀴즈② 화학에 대해 알아봐요! … 60

6 사물이 보이고 소리가 들리는 원리

[만화] 소리의 전달 방식 … 62

빛의 다양한 성질 … 64

소리의 다양한 성질 … 66

[좀 더 알고 싶어!] 빛과 소리의 신비 … 68

7 힘과 도구

[만화] 서로 잡아당기는 힘의 관계 … 70

진자의 구조와 성질 … 72

지레의 원리 … 74

지레를 이용한 도구 … 76

도르래의 작용 … 78

8 자석과 전기의 세계

만화 찌릿찌릿 정전기 … 80

자석의 다양한 성질 … 82

좀 더 알고 싶어! 신기한 자석 … 84

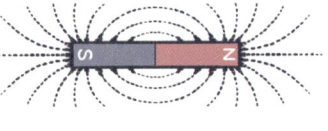

전기 양의 균형을 무너뜨린 정전기 … 86

전기의 정체와 성질 … 88

연결 방법에 따라 달라지는 전기의 힘 … 90

전류를 흘려 넣으면 자석이 되는 전자석 … 92

다양한 전기의 변화 … 94

좀 더 알고 싶어! 전기의 신비 … 97

풀어 보자! 퀴즈③ 물리에 대해 알아봐요! … 98

9 날씨의 변화

만화 비와 구름의 관계 … 100

구름과 바람이 생기는 원리 … 102

동아시아의 기후 … 104

강한 비바람을 불러오는 태풍 … 106

10 지구와 우주

물의 흐름이 만든 지형 … 108

대지의 움직임이 일으키는 지진 … 110

좀 더 알고 싶어! 지구의 신비 … 112

만화 우주에 펼쳐진 세계 … 114

지구는 돈다 … 116

달의 위상 변화와 일식·월식 … 118

태양계와 우리은하 … 120

풀어 보자! 퀴즈④ 지구와 우주에 대해 알아봐요! … 122

11 생명공학기술

생물을 이용한 기술, 생명공학기술 … 124

만화 에필로그 … 128

학부모 여러분께 … 131

등장인물 소개

새봄(초등학교 5학년)

책을 좋아하고 야무지며 똑똑하다. 우주에도 관심이 많다. 종종 한빛이의 숙제를 도와준다. 동물을 무척 좋아한다.

한빛(초등학교 5학년)

새봄이의 소꿉친구로, 새봄이의 집에 자주 놀러 간다. 좋아하는 과목은 체육. 과학은 별로 좋아하지 않지만 실험은 재미있어 한다.

가을(중학교 2학년)

새봄이의 언니로, 밝고 활발하지만 덜렁거린다. 꾸준히 공부하기보다 시험이 코앞까지 닥치면 벼락치기를 한다.

파워

과학의 별에서 연구를 하러 온 요정. 날씨에 대해 떠들기 시작하면 그칠 줄 모른다.

볼트

새봄이와 가을이가 키우는 골든 리트리버.
인간으로 따지자면 새봄이, 한빛이와 동갑인 10살 정도로 놀기 좋아한다.

에너지

파워와 함께 지구를 찾아온 요정. 상냥한 노력파다. 과학의 별에서 학교 선생님이 되는 것이 꿈이다.

생물이란 무엇일까?

영양분을 얻고 자손을 남기는 생물

우리 주변에는 생물이 많아요. 개, 고양이, 송사리, 나팔꽃, 해바라기, 그리고 우리 인간도 생물이에요. 생명을 가진 모든 것을 생물이라 할 수 있지요.

그렇다면 아래 그림 중 생물은 어느 것일까요? 돌이나 로봇, 자판기는 생명이 없으니 생물이 아니에요. 태양이나 화산은 어떨까요? 상태가 변해서 생명이 있는 것처럼 보이지만 사실은 둘 다 생물이 아니지요.

생물은 반드시 두 가지 작용을 해요. 하나는 **물질대사**예요. 살아가기 위해 필요한 영양물질을 받아들이고 필요하지 않은 물질을 내보내죠. 다른 하나는 **생식**입니다. 자손을 남기는 일을 말해요. 이 두 가지 작용을 하면 생물이라고 볼 수 있어요. 생물인지 아닌지는 이 작용들을 단서로 알아보면 되지요.

태양이나 화산은 '살아 있는' 게 아니라 '활동하는' 것뿐이야.

◀ 생물과 무생물 ▶

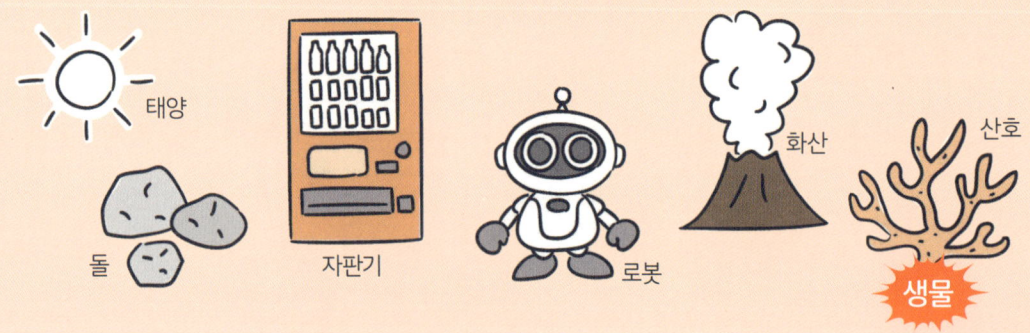

이 중에서 '물질대사'와 '생식' 작용을 하는 것은 산호뿐이에요.

'동물'과 '식물'의 차이

① 생물의 세계

생물은 크게 동물과 식물로 나뉘어요. **동물**은 다른 생물을 먹어 영양분을 얻는 움직이는 생물이지요. 동물은 뭔가를 먹고 호흡하며 똥이나 오줌을 배출하며 물질대사를 해요. **식물**은 동물처럼 입이나 소화기관은 없지만 광합성 등을 통해서 스스로 영양분을 만들어요.

산호는 동물일까요, 식물일까요? 겉모습은 식물처럼 보이지만, 말미잘 같은 자포동물이에요. 자포동물은 대부분 이동성이 떨어져요. 산호도 마찬가지예요. 바닷속에서 주로 플랑크톤을 잡아먹고, 독침으로 사냥을 하지요.

◀ **생물의 조건** ▶

물질대사 영양분을 외부에서 얻거나 직접 만들어 내요.

생식 동물은 수정을 통해 자손을 남기고, 식물은 씨앗을 만들어서 자손을 남겨요.

생물 — 식물의 구조

'광합성'으로 영양분을 만드는 식물

식물은 어떻게 스스로 영양분을 만들까요? 주로 잎에서 만들어요.
식물은 대부분 잎 세포에 엽록체라는 작은 기관이 있어요. **엽록체는 주로 햇빛을 이용해 이산화 탄소와 물을 산소와 포도당으로 만들어요. 이 작용이 광합성이지요.** 이렇게 만든 포도당은 살아가는 데 필요한 영양분으로 쓰거나, 열매나 뿌리에 전분 형태로 저장해요. 몸을 이루는 바탕 물질로도 사용하지요.

◀ 광합성의 원리 ▶

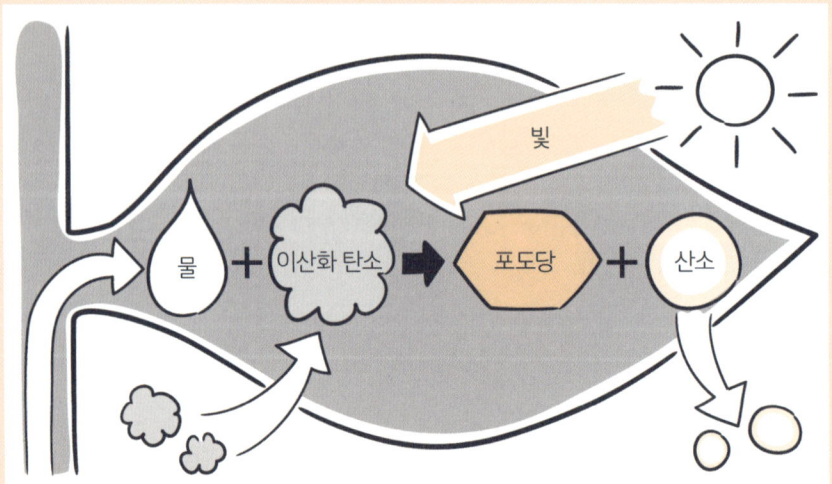

뿌리에서 빨아올린 물과 공기에서 흡수한 이산화 탄소를 빛 에너지를 이용해 포도당과 산소로 바꿔요.
포도당은 영양분이 되고, 산소는 공기 중으로 뱉어요.

식물은 광합성뿐만 아니라 동물처럼 산소를 빨아들이고 이산화 탄소를 내뱉는 호흡도 해!

자손을 남기는 '꽃'과 '열매'

식물의 꽃이나 열매의 역할은 뭘까요? 꽃은 암술과 수술로 이루어져 있으며 수술에는 꽃가루가 묻어 있어요. 이 꽃가루가 암술에 옮겨지는 것을 꽃가루받이(수분)라고 해요. 꽃가루가 암술 밑동에 있는 밑씨와 합쳐지면 얼마 후 씨앗이 돼요. 움직이지 못하는 꽃은 스스로 수정할 수 없어 꽃가루받이는 벌레나 새, 바람이나 물 등의 도움을 받아 이루어져요.

씨앗이 생겨나면 그 바깥쪽 씨방이 씨앗을 지키는 열매가 돼요. 새나 동물이 그 열매를 먹고 멀리 떨어진 곳에 똥을 누면 그 똥에 섞여 있던 씨앗이 싹을 틔우고 성장하지요. 이렇게 식물은 자라는 장소를 넓히며 자손을 남겨요.

꽃의 구조(유채꽃)

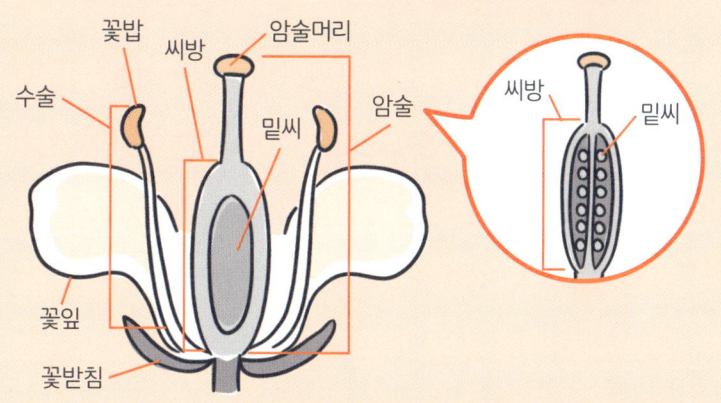

암술에는 씨방이 있고, 씨방 안에는 밑씨가 있어요. 수술의 꽃가루가 암술에 옮겨지는 꽃가루받이를 하면 밑씨는 씨앗이 되고, 시간이 흘러 씨방은 열매가 돼요.

꽃가루를 운반하는 다양한 방법

풍매화
꽃가루를 바람에 날려 보내는 꽃.
㉾ 소나무, 삼나무 등.

충매화
꽃가루를 벌레에 묻혀 보내는 꽃.
㉾ 민들레, 진달래 등.

조매화
꽃가루를 새에 묻혀 보내는 꽃.
㉾ 동백나무, 매화나무 등.

수매화
꽃가루를 물에 흘려보내는 꽃.
㉾ 솔잎말, 검정말 등.

생물 — 동물의 분류와 몸의 구조

척추동물과 무척추동물

동물은 크게 척추가 있는 척추동물과 척추가 없는 무척추동물로 나뉘어요. 척추동물은 포유류, 조류, 파충류, 양서류, 어류로 나뉘죠.

척추가 있는지 없는지에 따라 어떤 차이가 있을까요? **척추가 있으면 골격이 단단해요. 튼튼한 근육도 가질 수 있지요.** 근육이 있으면 운동 능력도 높아져서 살아남기 유리해요.

동물의 분류

- 동물
  - 척추동물
    - 포유류: 원숭이, 개, 고래 등
    - 조류: 참새, 비둘기, 펭귄 등
    - 파충류: 뱀, 거북, 도마뱀 등
    - 양서류: 개구리, 도롱뇽 등
    - 어류: 송사리, 정어리, 붕어 등
  - 무척추동물: 문어, 해파리, 새우, 곤충 등

> 포유류의 '포유'는 어미의 젖을 준다는 뜻이야. 젖을 먹고 자라 '포유류'라고 불리지.

포유류를 제외한 척추동물은 대부분 새끼가 알에서 태어나요. 포유류는 어미의 배 속에서 새끼를 키워 낳아요. 이를 태생이라고 해요.

몸의 구조가 다른 척추동물과 무척추동물

척추동물은 몸 속 뼈로 신체를 지탱해요. 이러한 몸의 구조를 **내골격**이라고 하지요. 반면에 새우나 곤충 등 몇몇 무척추동물은 단단한 피부로 몸을 지탱해요. 이러한 구조를 **외골격**이라고 해요. 외골격을 가진 동물 중에는 성장할 때 몸을 한층 더 크게 키우려고 오래된 피부를 벗어 버리는 '탈피'를 하는 동물도 있어요.

또 다른 무척추동물인 곤충은 변태를 하기도 해요. 변태는 본래의 형태가 달라진다는 뜻이에요. '성장'이 목적인 애벌레에서 '생식'이 목적인 성충으로 몸의 형태를 바꾸는 변태를 거치지요. 변태에는 모습이 크게 달라지는 완전변태와 모습이 별로 달라지지 않는 불완전변태가 있어요.

◀ 곤충의 성장 ▶

완전변태 알, 애벌레, 번데기, 성충으로 성장하며 모습이 크게 달라져요. 나비나 장수풍뎅이 등이 이에 속해요.

알 → 애벌레 → 번데기 → 성충

불완전변태 알, 애벌레, 성충으로 성장해요. 대부분 애벌레와 성충의 생김새가 크게 다르지 않아요. 매미나 메뚜기 등이 이에 속해요.

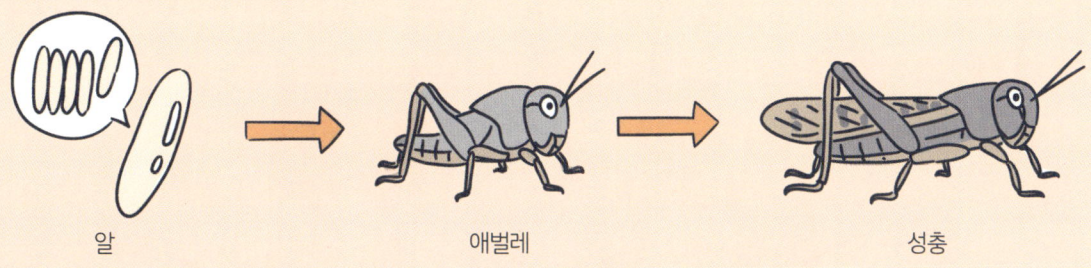

알 → 애벌레 → 성충

생물

사람의 손발 구조

두 발로 걷는 사람

대부분의 동물과 달리 사람은 두 발로 걸어요. 그래서 네발로 걷는 다른 여러 동물과 뼈의 생김새가 크게 다르지요. 대표적인 예가 척추예요.

사람은 척추가 세로로 뻗은 S 자 모양으로, 머리를 단단하게 지탱해요. 또한 폭이 넓고 튼튼한 골반으로 내장을 받치고 있지요. 사람은 이러한 뼈 덕분에 오랫동안 두 발로 걸을 수 있어요.

사람과 고릴라의 뼈

사람의 척추는 S 자지만 고릴라는 S 자가 아니에요. 그래서 바르게 서지 못하며, 두 발로 오랫동안 걷지 못해요.

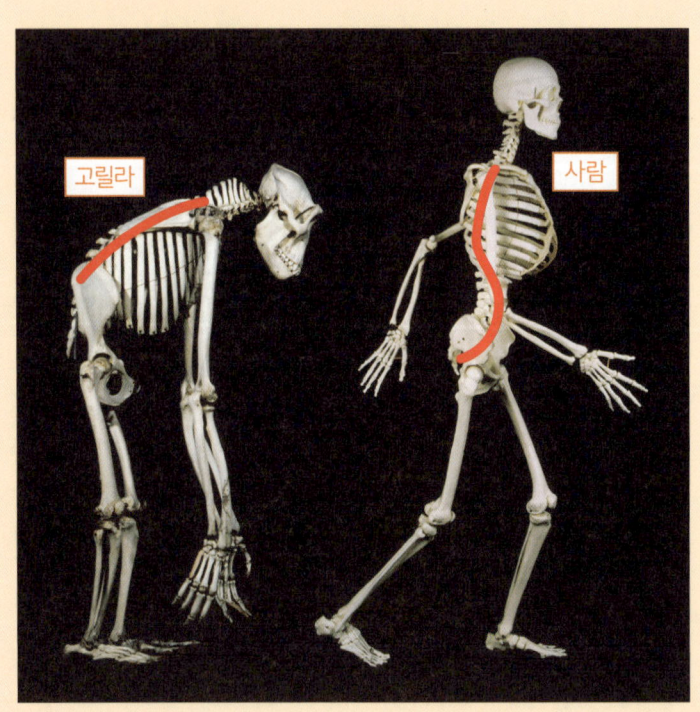

손발이 비슷한 사람과 원숭이

고릴라 원숭이 같은 영장류는 다른 동물에 비해 사람과 몸매가 비슷해요. 하지만 두 발로 걷는 사람과 평소에 두 발로 걷지 않는 원숭이는 손발의 생김새가 크게 달라요.

사람은 두 다리만으로 몸을 지탱하며 걸어서 발바닥에 단단한 근육이 있고, 발바닥이 아치 모양이에요. 또한 손은 도구를 사용하기 쉽게 다섯 손가락 모두 자유롭게 움직일 수 있지요. 일부 원숭이들은 엄지를 다른 손가락에 붙여 고리 모양을 만드는 동작을 하지 못한답니다.

사람의 조상이 지금으로부터 약 700만 년 전에 두 발로 걷기 시작하면서 이러한 몸 구조를 갖게 되었어요.

◀ 사람과 원숭이의 손 ▶

사람은 다섯 손가락을 자유롭게 사용해요. 뭔가를 단단히 움켜쥐거나 도구를 집어서 능숙히 사용할 수 있어요.

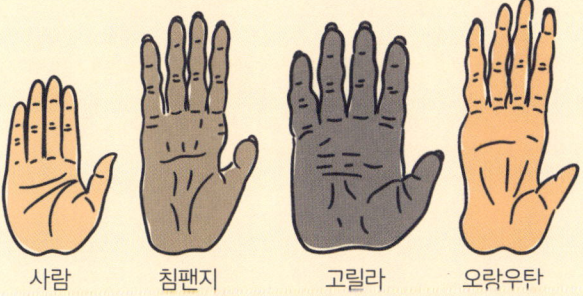

사람   침팬지   고릴라   오랑우탄

◀ 사람의 발바닥 ▶

두발로 걷는 사람은 발바닥 가운데가 아치 형태로 움푹 패여 있어요. 네발로 걷는 원숭이는 없는 부분이에요.

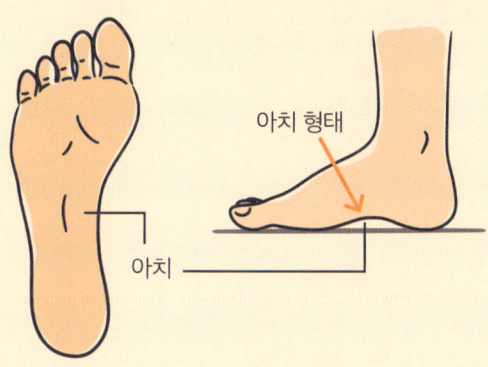

아치 형태
아치

◀ 사람과 원숭이의 어깨뼈 ▶

사람은 손을 다양한 방향으로 움직이기 쉽게 어깨뼈가 몸 뒤쪽에 있어요. 원숭이 같은 동물은 네발로 걷기 쉽게 어깨뼈가 몸 옆에 있어요.

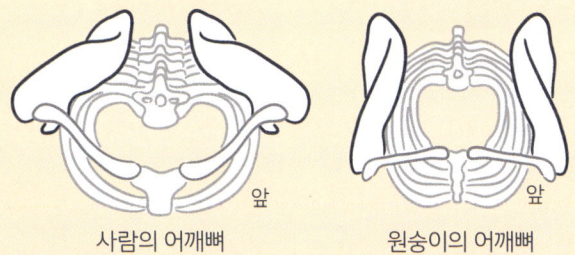

사람의 어깨뼈   원숭이의 어깨뼈

생물

몸을 지탱하고 움직이는 뼈와 근육

뼈의 역할

뼈는 어떤 역할을 할까요?

첫째, 몸을 지탱해요. 만약 뼈가 없다면 우리 몸은 흐물흐물해져서 일어서지도, 움직이지도 못해요.

둘째, 내장을 보호해요. 예를 들어 머리뼈는 뇌를, 갈비뼈는 허파나 심장을 지키지요.

마지막으로 혈액을 만들어요. 뼈에는 골수라는 조직이 있는데, 이곳에서 혈액을 만들어요.

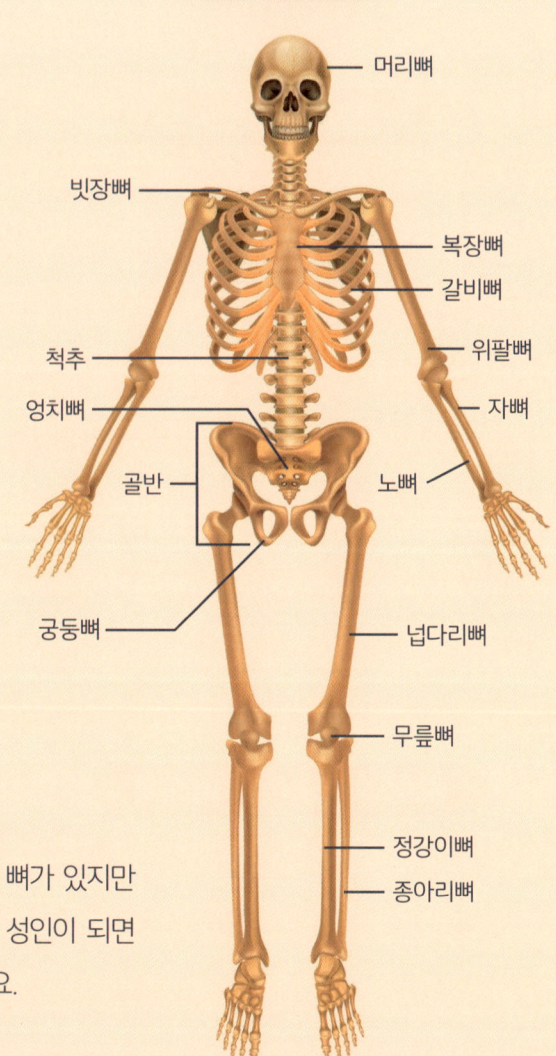

◀ 사람의 뼈 ▶

- 머리뼈
- 빗장뼈
- 복장뼈
- 갈비뼈
- 척추
- 위팔뼈
- 엉치뼈
- 자뼈
- 골반
- 노뼈
- 궁둥뼈
- 넙다리뼈
- 무릎뼈
- 정강이뼈
- 종아리뼈

뼈는 칼슘을 저장하는 역할도 해.
칼슘은 심장의 움직임을 돕는 작용을 하지.

아기 때는 약 300개의 뼈가 있지만 성장하면서 뼈가 붙어 성인이 되면 약 200개로 줄어들어요.

몸이 움직이는 원리

<mark>뼈와 뼈가 맞닿아 연결되는 부분을 **관절**이라고 해요. 관절은 움직일 수 있는 관절과 움직일 수 없는 관절이 있어요.</mark>

관절 안쪽에 있는 연골은 두 뼈를 이어 주고 마찰을 막아요. 관절 바깥쪽에서는 근육이 양쪽 뼈를 연결하지요. 우리는 이 근육이 짧아지거나 굵어지는 수축과 원래 길이로 돌아가는 이완을 통해 뼈와 몸을 움직여요.

관절은 위치에 따라 움직이는 방식이 달라요. 예를 들어 어깨 관절은 앞, 뒤, 양 옆으로 자유롭게 움직일 수 있지만, 팔꿈치 관절은 한 방향으로만 구부리고 펼 수 있지요.

◀ 무릎 관절 구조 ▶

무릎 관절은 사람의 관절 중에서 가장 커요. 뼈나 인대, 연골 등으로 구성되었으며, '걷기' '달리기' '쪼그리기' 등 두 발로 걷는 사람에게 꼭 필요한 동작을 부드럽게 수행할 수 있도록 돕지요.

인대
뼈와 뼈를 단단히 연결해요.

윤활막
관절주머니 안쪽에 있으며, 관절액을 만들어요.

넙다리뼈

관절주머니
관절을 감싸고 있어요.

정강이뼈

관절연골
두 뼈를 이어 주고 마찰을 막아요.

관절액
관절을 보호하는 액체예요.

◀ 팔이 움직이는 원리 ▶

안쪽 근육이 수축되면 팔꿈치가 구부러지며 바깥쪽 근육이 이완돼요. 이러한 움직임을 통해 팔을 구부리거나 펼 수 있어요.

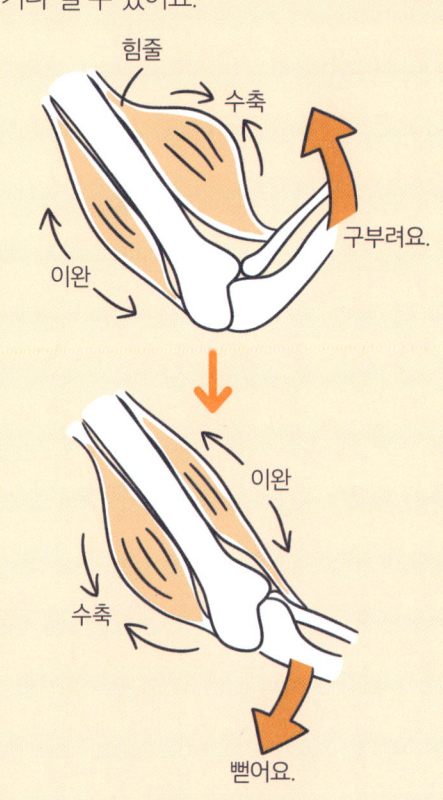

② 인체의 구조

생물
영양분을 받아들이는 소화와 흡수

입과 항문이 이어져 있다고?

입으로 들어간 음식물은 위나 창자 등을 지나면서 자잘한 영양분으로 분해되어 몸 곳곳으로 이동해요. **소화는 음식물을 분해하여 흡수하기 쉬운 형태로 만드는 일이에요. 흡수는 분해된 영양소를 몸으로 빨아들이는 걸 말해요.**
음식물은 입→식도→위→작은창자→큰창자로 이동하며 소화·흡수되고, 남은 찌꺼기는 항문으로 나와요. 입과 위, 작은창자, 큰창자, 항문 등은 하나의 긴 관이라고 볼 수 있어요. 이 관을 소화관이라고 불러요.

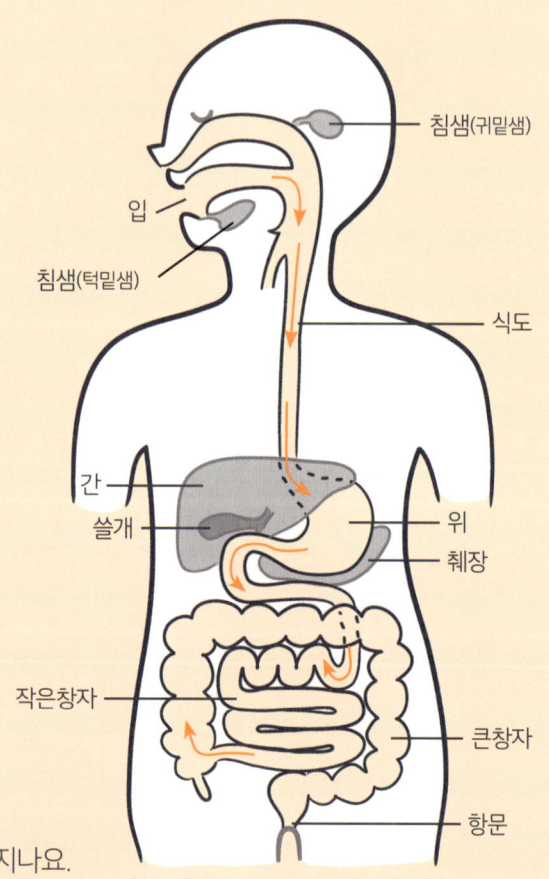

사람의 소화기관

침샘(귀밑샘), 입, 침샘(턱밑샘), 식도, 간, 쓸개, 위, 췌장, 작은창자, 큰창자, 항문

작은창자는 몸에서 가장 긴 기관이야. 길이가 사람 키의 네 배 정도라고 해.

음식물은 화살표를 따라서 소화관 안쪽을 지나요. 소화관 외에도 음식물 소화를 돕는 액체(소화액)를 만들거나 저장하는 침샘, 간, 췌장, 쓸개 등을 모두 합쳐 소화기관이라고 불러요.

음식물은 어떻게 소화·흡수될까?

밥이나 빵 같은 음식물은 입에서 씹혀 잘게 부서지면서 침샘에서 나오는 침과 섞여요. 이때 침 속의 물질이 밥이나 빵 속의 탄수화물을 일부 분해해, 소화가 시작된 상태로 위에 내려가요. 위에서는 위액과 위의 움직임으로, 위와 이어지는 작은창자에서는 담즙이나 장액 등의 소화액으로 소화가 돼요. 소화된 음식물의 영양소 대부분은 작은창자에서 흡수돼요. 음식물과 소화액의 수분은 큰창자에서 흡수되지요.

흡수된 영양분은 혈액 등을 통해서 몸 여기저기로 이동해요. 몸속 세포를 성장시키거나 몸에 저장해 두지요. 살아갈 때 필요한 에너지를 만드는 데 사용되기도 해요.

◀ 영양분을 흡수하는 작은창자의 벽 ▶

작은창자 벽에는 작은 주름과 융털이라 불리는 돌기가 있어요. 표면이 넓어 영양분을 흡수하기 쉽지요. 융털은 길이가 약 1 mm, 작은창자는 길이가 6~7 m 정도예요. 표면의 넓이는 테니스장 한 면 정도예요. 흡수된 영양분은 융털 안에 있는 모세혈관 등을 통해 이동해요.

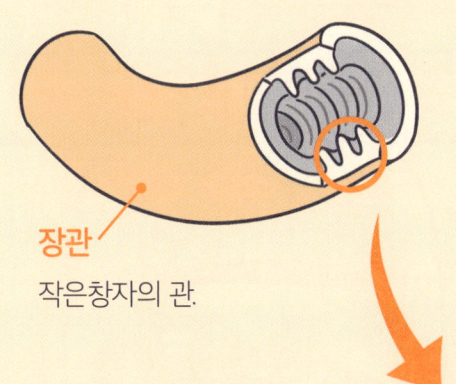

장관
작은창자의 관.

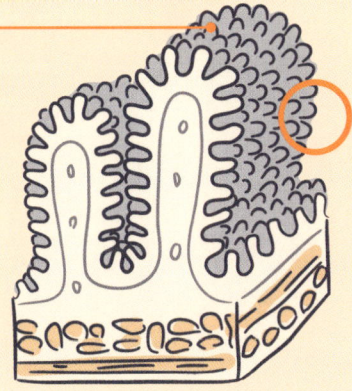

융털
작은 털처럼 생긴 돌기예요. 이 부분에서 영양분을 흡수해요.

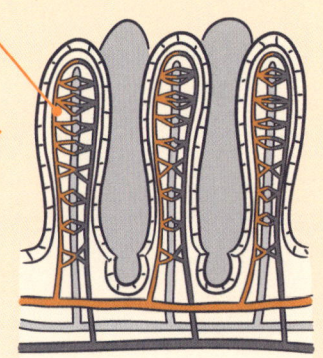

모세혈관
가느다란 혈관이에요. 흡수한 영양분 등을 날라요.

생물

호흡에 꼭 필요한 허파와 혈관

들숨과 날숨의 차이는 무엇일까?

살아가는 데 필요한 에너지를 만들려면 산소가 필요해요. 따라서 **대부분의 생물은 공기 중의 산소를 들이마셔 에너지를 만들죠.**
입이나 코로 들어온 공기는 기관과 기관지를 통해 허파로 가요. 허파는 공기에서 산소를 얻어 혈액에 주고 혈액이 운반해 온 이산화 탄소를 입이나 코를 통해 밖으로 내보내요. 이처럼 **산소를 들이마시고 이산화 탄소를 내뱉는 과정을 호흡이라고 해요.**

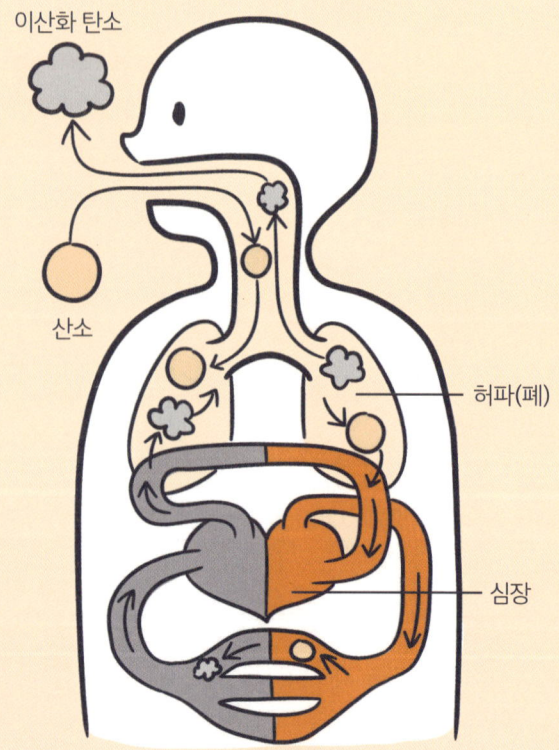

◀ 호흡의 구조 ▶

이산화 탄소
산소
허파(폐)
심장

물고기는 아가미로 호흡해.
아가미에 있는 혈관으로
물속의 산소를 빨아들이고,
이산화 탄소를 내보내지.

허파에는 모세혈관이 감싸고 있는 '허파꽈리(폐포)'라는 주머니가 잔뜩 달려 있어요. 입이나 코로 들이마신 공기 중에서 산소는 허파꽈리를 지나 모세혈관의 혈액으로 흡수되고, 심장을 통해 온몸으로 퍼져요. 이산화 탄소는 허파꽈리에서 배출되어 입이나 코를 통해 몸 밖으로 빠져나가요. 허파는 이렇게 산소와 이산화 탄소를 교환해요.

산소는 어떻게 온몸으로 퍼질까?

혈액은 혈관을 타고 온몸을 순환해요. 허파에서 산소를 빨아들이고 이산화 탄소를 내보낸 뒤 심장으로 갔다 심장이 수축하는 힘에 의해 밀려나 동맥을 따라 온몸으로 운반되지요. 그리고 <mark>에너지를 만드는 데 쓰이는 산소나 영양분을 온몸으로 운반하고 이산화 탄소를 건네받으면 정맥을 통해 심장으로 돌아가요.</mark> 심장으로 돌아온 혈액은 허파로 이동해 또다시 산소와 이산화 탄소를 교환해요. 혈액은 몸 안의 필요 없어진 물질들을 나르기도 해요. 이러한 물질들은 몸을 순환하다 간에서 처리되거나 콩팥에서 걸러져 오줌 형태로 배출되지요.

② 인체의 구조

◀ 혈액의 흐름 ▶

심장에서 내보낸 혈액은 산소나 영양분을 몸 여기저기에 나른 뒤 심장으로 돌아와요. 이때 일부 혈액은 소화관으로 흘러가고, 소화·흡수 과정에서 얻은 영양분을 간으로 날라요. 간은 영양분을 몸에 필요한 물질로 바꾸거나 저장해요.

몸속 혈관을 모두 이으면 9만 km나 된다고 해. 심장이 하루에 내보내는 혈액은 8000 L야. 욕조 30~40개를 채울 분량이지.

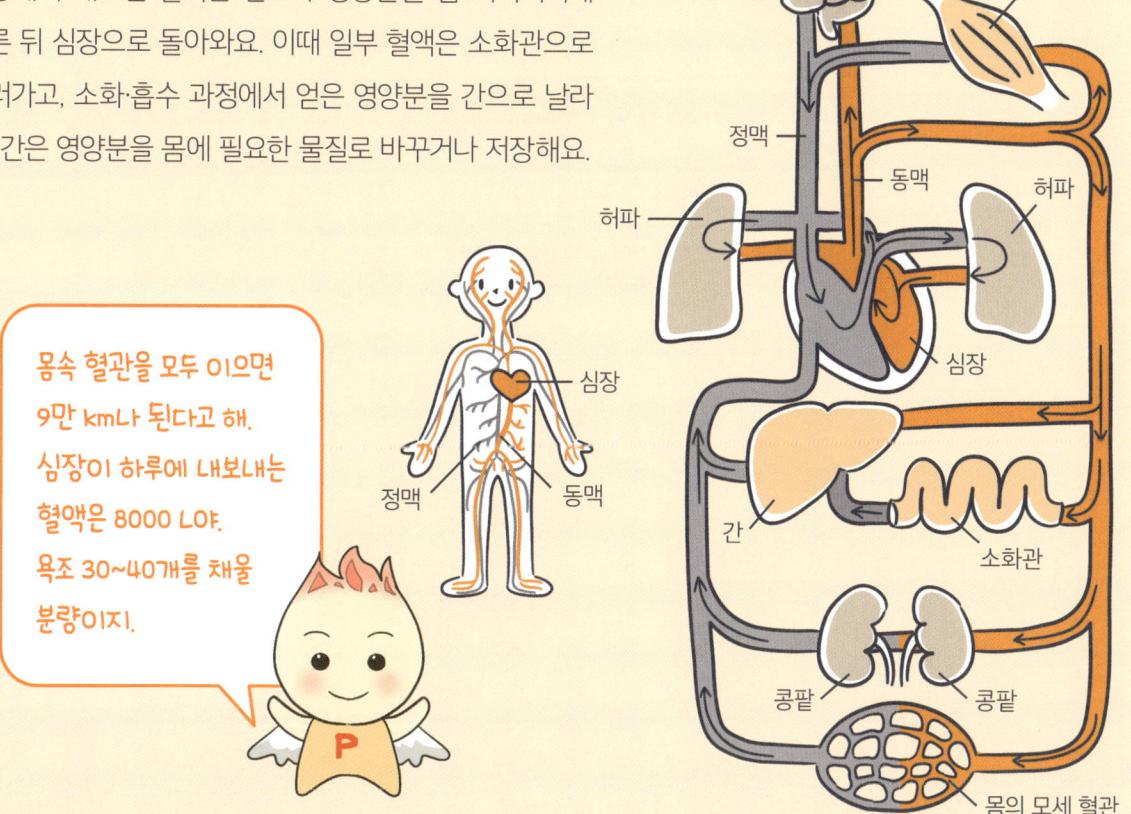

생물

임신과 태아의 성장

아기가 태어나는 과정

아기는 엄마 배에 있는 자궁 안에서 영양분을 받으며 자라요. 태어난 뒤에도 엄마의 젖을 먹으며 커요.
임신은 엄마의 난자와 아빠의 정자라는 세포가 합쳐진 수정란에서 시작돼요.
수정란은 엄마의 자궁 안에서 세포분열*을 되풀이하며 점점 커지고, 이윽고 아기가 태어나요.

*세포분열 세포가 나누어져 늘어나는 현상.

태아의 성장

수정란은 크기가 약 0.14 mm지만 약 40주(약 280일) 후에 아기로 태어날 때는 몸무게 약 3 kg, 키는 약 50 cm예요.

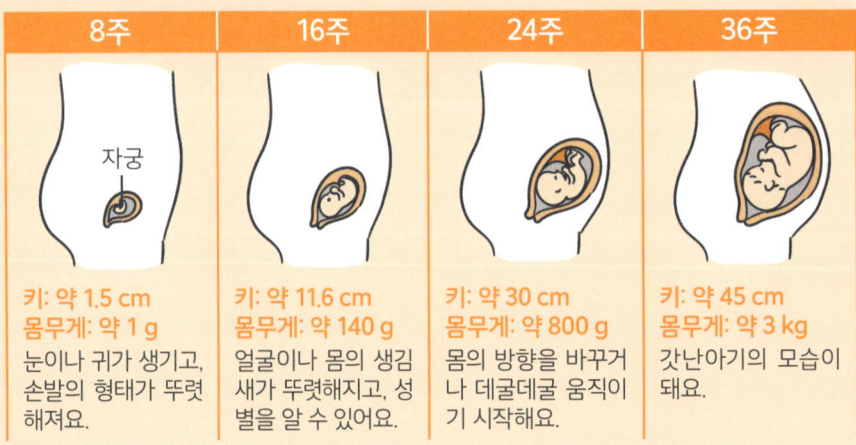

8주	16주	24주	36주
키: 약 1.5 cm 몸무게: 약 1 g 눈이나 귀가 생기고, 손발의 형태가 뚜렷해져요.	키: 약 11.6 cm 몸무게: 약 140 g 얼굴이나 몸의 생김새가 뚜렷해지고, 성별을 알 수 있어요.	키: 약 30 cm 몸무게: 약 800 g 몸의 방향을 바꾸거나 데굴데굴 움직이기 시작해요.	키: 약 45 cm 몸무게: 약 3 kg 갓난아기의 모습이 돼요.

새끼 햄스터가 어미의 배 속에 있는 기간은 약 2~3주야. 아프리카코끼리는 약 22개월 동안 어미의 배 속에서 자라고, 태어났을 때 몸무게는 약 100 kg이나 돼! 덩치가 큰 동물일수록 어미의 배 속에 있는 기간이 더 길어.

태아는 어떻게 영양분을 얻을까?

태아는 '탯줄'이라는 관으로 엄마 몸과 이어진 상태에서 양수라는 액체에 떠 있어요. 태아는 살아가는 데 필요한 영양분이나 산소 등을 탯줄로 얻으며 성장해요.

태반은 자궁벽에 있는 탯줄과 엄마의 몸이 연결된 부분이에요. 태아의 혈관은 탯줄을 지나 태반 안에서 그물 같은 형태로 뻗어 있어요. 태반 안에는 엄마의 혈관도 넓게 퍼져 있죠. 태아는 이 혈관을 통해 영양분이나 산소를 얻고, 이산화 탄소처럼 필요 없는 물질을 엄마에게 건네줘요.

② 인체의 구조

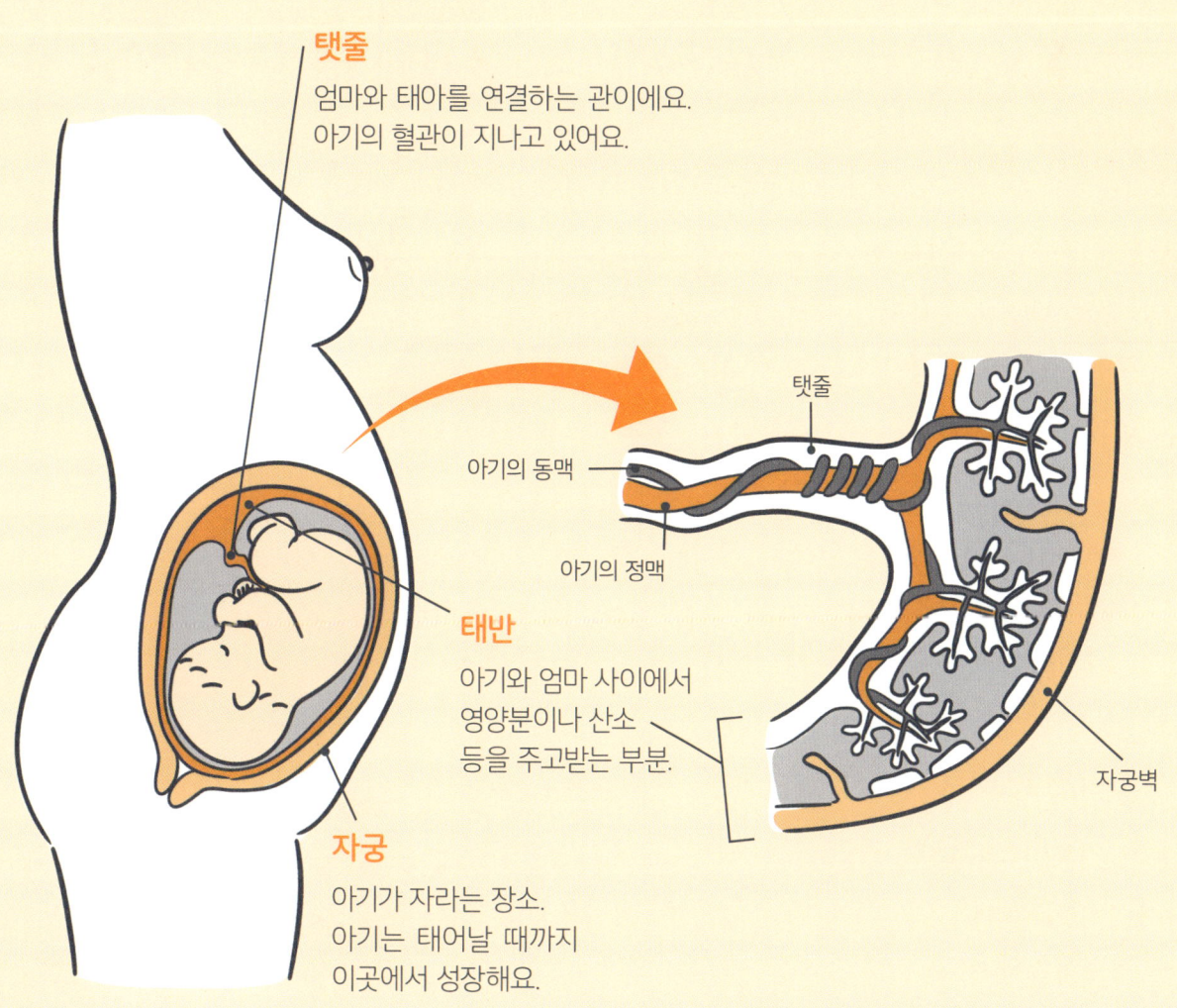

탯줄
엄마와 태아를 연결하는 관이에요.
아기의 혈관이 지나고 있어요.

태반
아기와 엄마 사이에서 영양분이나 산소 등을 주고받는 부분.

자궁
아기가 자라는 장소.
아기는 태어날 때까지 이곳에서 성장해요.

탯줄
아기의 동맥
아기의 정맥
자궁벽

생물에 대해 알아봐요!

생물이란 본래 무엇일까요?

퀴즈 ①

Q1

다음 중에서 생물을 모두 고르세요.

태양

돌

자판기

로봇

닭

민들레

화산

산호

Q2

식물이 광합성을 통해 만들어 내는 것을 모두 고르세요.

① 산소

② 수소

③ 이산화 탄소

④ 포도당

⑤ 단백질

광합성은 주로 잎에서 일어나.

Q3

척추동물은 포유류 외에 무엇이 있는지 모두 말해 보세요.

> 모두 등뼈가 있는 생물이지.

Q4

사람과 원숭이의 몸에 대해 바른 내용은 무엇일까요?

① 사람은 엄지를 자유롭게 움직여요.

② 사람의 어깨뼈는 몸 앞에 있어요.

③ 원숭이는 발에 아치가 있어요.

Q5

혈액을 만드는 곳은 어디일까요?

① 심장

② 뇌

③ 뼈

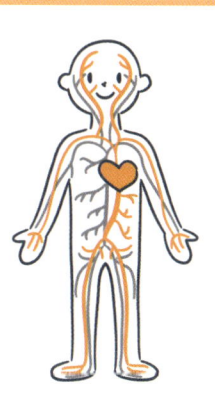

Q6

사람의 아기가 엄마의 배 속에 있는 기간은 약 며칠일까요?

① 약 150일

② 약 280일

③ 약 390일

정답

Q1 닭, 민들레, 산호 (스스로 영양분을 빨아들일 수 있으며 자손을 남길 수 있는 것이 생물이에요.)

Q2 ①, ④   **Q3** 어류, 양서류, 파충류, 조류   **Q4** ①

Q5 ③ (혈액은 큰 뼈 안에 있는 골수에서 만들어져요.)   **Q6** ②

화학

무게와 부피는 무엇일까?

무게란 무엇일까?

물질은 생김새가 달라져도 무게는 달라지지 않아요. 예를 들어 점토의 무게를 잴 때, 점토를 다른 모양으로 바꾸거나, 잘게 나누어도 무게는 그대로예요.

눈에 보이지 않는 물질에도 무게가 있어요. 대표적인 예가 바로 공기예요. 공기의 무게는 1 L당 약 1.2 g으로 10원짜리 동전과 비슷해요. 공기는 형태가 없어서 그 자체로는 무게를 잴 수 없지만, 스프레이 깡통이나 풍선, 공 등에 공기를 채워 보면 무게가 있음을 확인할 수 있어요!

◀ **물질의 생김새와 무게** ▶

무게가 같은 두 개의 점토는 생김새를 바꾸거나, 잘게 나누더라도 무게는 변함이 없어요.

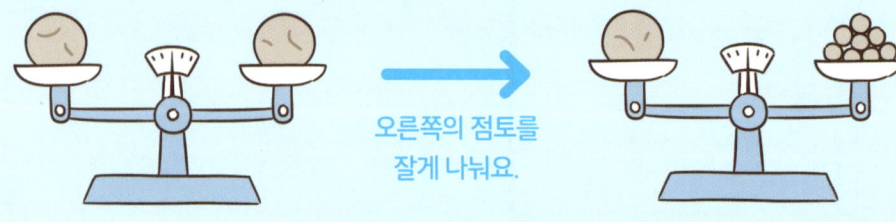

오른쪽의 점토를 잘게 나눠요.

◀ **공기의 무게** ▶

공기가 별로 없는 축구공과 공기가 가득 찬 축구공의 무게를 비교해 보면 공기가 가득 찬 축구공이 더 무거워요. 이 실험을 통해 공기에도 무게가 있음을 알 수 있어요.

공기가 별로 없는 공

공기가 가득 찬 공

부피란 무엇일까?

컵에 물을 넘치기 직전까지 채우고 돌을 넣어 봐요. 물이 넘치겠지요? 돌이 물을 밀어내서 넘친 거예요. **물질이 어떤 장소를 차지하는 크기를 부피라고 해요.** 부피는 어려운 말로 '체적'이라고도 하지요. 앞서 말한 경우는 컵에 넣은 돌의 부피만큼 컵에서 물이 넘치지요.

정육면체의 부피는 가로×세로×높이 식으로 답을 쉽게 구할 수 있어요. **돌처럼 복잡하게 생긴 물체는 물에 넣고 넘친 물의 양을 재면 부피를 쉽게 구할 수 있지요.**

③ 모든 물질을 이루는 원자나 분자

밀어낸 분량만큼 가벼워져!

욕조나 수영장에 들어갔을 때, 몸이 가볍다고 느낀 적 있지 않나요? 밀어낸 물의 무게만큼 몸이 가벼워지기 때문이에요. 이 힘을 '부력'이라고 해요. 강철로 만든 배가 물에 떠 있는 것도 부력이 작용하기 때문이지요.

배가 밀어낸 물의 무게만큼 부력이 작용해요.

부피를 재는 방법

물이 가득 든 컵에 돌을 넣으면 물이 넘쳐요. 이때 넘친 물의 부피는 가라앉은 돌의 부피와 같아요.

① 쟁반 위에 컵을 올려 두고 물을 가득 담아요. 컵 속에 돌을 넣어요.

② 물이 넘쳐요.

③ 쟁반으로 넘친 물의 양을 눈금실린더 등으로 재요.

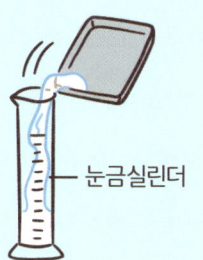

화학

무게와 부피를 이용해서 나타내는 밀도

물질을 구별하는 단서, 밀도

같은 부피의 스티로폼과 철의 무게를 비교해 보면, 철이 더 무거워요. ==이처럼 물질에 따라 부피가 같더라도 무게는 달라요.==

부피가 같은 물질의 무게를 비교할 때 보통 부피 1㎤(한 변이 1㎝인 정육면체)의 무게를 기준으로 삼아요. ==이 1㎤당 물질의 무게를 **밀도**(단위는 g/㎤)라고 해요.==

==밀도는 물질마다 정해져 있어서 물질을 구별하는 실마리가 돼요.==

◀ **스티로폼과 철의 밀도** ▶

스티로폼과 철의 부피가 같을 때 철이 더 무거우므로 스티로폼보다 철의 밀도가 높아요.

스티로폼의 밀도
0.01~0.03 g/㎤

철의 밀도
약 7.9 g/㎤

◀ **우리 주변에 있는 물질의 밀도** ▶

물(4℃)의 밀도인 약 1.0 g/㎤를 기준으로 삼아 이보다 밀도가 큰 것과 작은 것으로 나눠요.

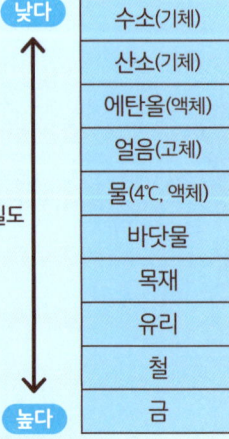

물질	밀도
수소(기체)	0.00008
산소(기체)	0.00133
에탄올(액체)	0.8
얼음(고체)	0.9
물(4℃, 액체)	1.0
바닷물	1.0~1.1
목재	0.3~0.8
유리	2.4~2.6
철	7.9
금	19.3

단위(g/㎤)

밀도는 '무게(g)÷부피(㎤)'로 구할 수 있어. 물질의 무게는 부피에 따라 다르지만 밀도는 일정하니까 물질을 구별하는 데 사용해.

밀도가 높으면 가라앉고, 낮으면 뜬다고?

통나무는 유리구슬보다 훨씬 크고 무거워요. 이 두 물체를 물에 넣으면 어떻게 될까요? 유리구슬보다 무거운 통나무는 물에 뜨고, 통나무보다 가벼운 유리구슬은 가라앉아요. 왜냐하면 물에 뜨고 가라앉고는 물질의 무게가 아니라 밀도와 관련 있기 때문이에요. 물보다 밀도가 낮은 물질은 뜨고, 높은 물질은 가라앉지요. 물의 밀도는 약 1.0 g/㎤예요. 통나무는 목재의 종류에 따라 다르지만 보통 0.3~0.8 g/㎤, 유리구슬은 유리로 만들어졌기 때문에 2.4~2.6 g/㎤예요. 따라서 물보다 밀도가 낮은 통나무는 물에 뜨고, 물보다 밀도가 높은 유리구슬은 가라앉아요.

③ 모든 물질을 이루는 원자나 분자

사람은 물에 뜰 수 있을까?

인체는 물보다 밀도가 높아서 물에 들어가면 가라앉아요. 다만 숨을 잔뜩 들이마시면 허파 안에 공기가 채워지면서 부력이 커 뜰 수 있어요.

숨을 잔뜩 들이마시고 누워서 힘을 빼고 팔다리를 펴면 물에 뜨기 쉬워요.

밀도에 따라 가라앉거나 뜨는 물질

무게와 상관없이 밀도가 물보다 낮은 물질은 물에 뜨고, 높은 물질은 가라앉아요. 통나무(목재)와 유리구슬(유리)의 경우, 통나무는 물보다 밀도가 낮아 뜨고, 유리구슬은 물보다 밀도가 높아 가라앉아요.

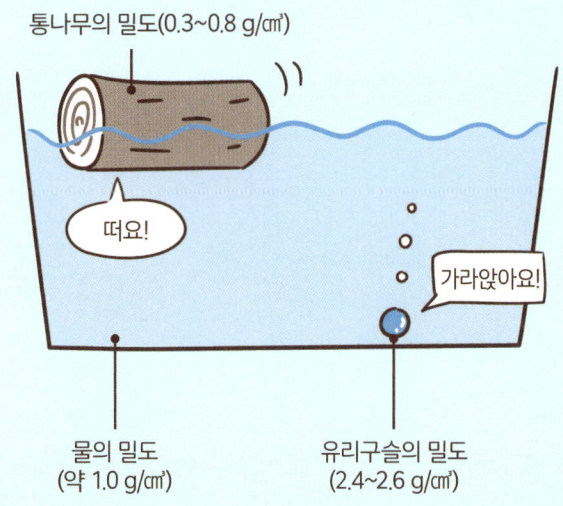

화학

물질을 이루는 원자와 분자

물질은 무엇으로 이루어져 있을까?

물을 수백만 배까지 확대하면 아주 작은 알갱이가 보여요. 이 알갱이를 물 분자라고 불러요. 분자는 그 물질의 성질을 가진 가장 작은 알갱이를 말해요. 물 분자를 더 잘게 쪼개면 물의 성질은 사라지고 말아요.

물 분자는 더욱 작은 알갱이인 수소와 산소로 이루어져 있어요. 이 알갱이를 원자라고 해요. **원자는 물질을 이루는 기본 입자로 물질의 가장 작은 단위예요. 모든 물질은 반드시 원자로 이루어져 있어요.**

◀ 물을 확대해 봐요 ▶

물은 물 분자의 모임으로, 물 분자는 산소 원자 1개와 수소 원자 2개로 이루어져 있어요.

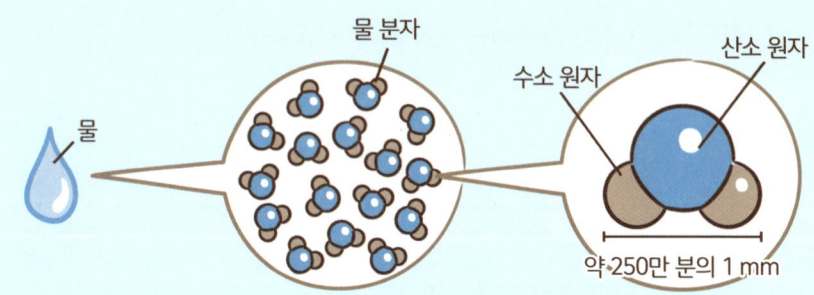

◀ 다양한 분자 ▶

수소, 산소, 이산화 탄소 분자는 공기 중에 기체 형태로 존재해요.

수소 분자
수소 원자 2개로 이루어져 있어요.

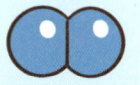
산소 분자
산소 원자 2개로 이루어져 있어요.

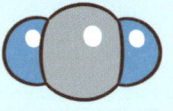
이산화 탄소 분자
탄소 원자 1개와 산소 원자 2개로 이루어져 있어요.

세상 모든 물질은 겨우 90종밖에 안 되는 원자의 조합으로 이루어져 있어.

물이 얼면 왜 딱딱한 얼음이 될까?

물을 비롯한 많은 물질은 열을 가하거나 얼리면 기체, 액체, 고체로 변해요.(→54쪽) 형태가 바뀌는 이유는 분자의 상태가 변하기 때문이죠.

물을 예로 들어 볼까요? 기체인 수증기는 분자들이 결합하지 않고 따로 떨어진 상태로 자유롭게 날아다녀요. 한편 액체인 물은 분자들이 느슨하게 결합해서 기체보다는 뭉쳐 있어요. 반면에 고체인 얼음은 분자들이 단단하게 결합해 있어요.

얼음이 물보다 단단한 이유는 분자 자체가 변한 게 아니라 분자의 결합 상태가 변했기 때문이에요.

③ 모든 물질을 이루는 원자나 분자

◀ 고체, 액체, 기체의 차이점 ▶

물은 온도에 따라 모습이 달라져요. 그 이유는 물 분자 간의 결합 상태가 변하기 때문이에요.

물 분자

0°C — 얼음(고체) 딱딱해서 형태가 변하기 어려워요.

물(액체) 용기에 따라 형태가 변해요.

100°C — 수증기(기체) 공기 중을 날아다니며 흩어져 있어요.

좀 더 알고 싶어! 물질과 분자의 모습

고체, 액체, 기체의 분자 모습을 살펴봐요.

얼음은 왜 물에 뜰까?

보통 액체는 고체가 되면 부피가 작아지고 밀도가 커져요. 그래서 액체에 같은 물질을 고체 형태로 넣으면 가라앉지요. 하지만 물의 고체 상태인 얼음은 물에 떠올라요. 이유가 뭘까요? 왜냐하면 다른 물질과 달리 **물은 고체가 되면 부피가 커져서 밀도가 낮아지기 때문이에요.**(→42쪽)

물 분자는 수소 원자 두 개, 산소 원자 한 개가 ㅅ 자 형태를 이루고 있어요.(→44쪽) 일반적으로 액체가 고체가 되면 분자들이 더 촘촘히 배열되지만, 얼음은 오히려 특별한 구조를 이루어 물일 때보다 분자 사이의 빈틈이 넓어져요. 빈틈이 넓어진 만큼 액체(물)일 때보다 부피가 커져서 밀도가 낮아지기 때문에 물에서 떠요.

◀ **얼음이 물에 뜨는 이유** ▶

액체인 물보다 고체인 얼음이 분자 간의 결합이 강해 분자 사이의 빈틈도 더 넓어요.

얼음 틀에 물을 넣고 얼리면 표면이 얼기 전보다 살짝 부풀어 오르지? 그건 부피가 커졌기 때문이야.

얼음 — 빈틈이 넓어요.

물 — 빈틈이 좁아요.

왜 쪼그라든 풍선을 데우면 부풀어 오를까?

공기를 가득 채운 풍선을 얼음물 속에 넣어 봐요. 풍선이 쪼그라들지요. 쪼그라든 풍선을 따뜻한 물에 넣으면 다시금 부풀어 올라요.
차가워지면 풍선 속에 든 공기의 부피가 작아지고, 따뜻해지면 커지기 때문이에요. 어째서 이러한 현상이 일어날까요?

공기 중의 분자는 항상 움직여요. 온도가 높아지면 더 빨리 움직여서 분자 간의 거리도 멀어지지요. 그 결과 공기의 부피가 커지면서 밀도가 낮아져요.

열기구는 이런 성질을 이용해요. 열기구는 풍선 속 공기를 불로 온도를 높여 공기의 부피를 늘려요. 부풀어 오른 공기는 기구 안에서 솟아올라요. 그만큼 기구 속 공기의 밀도가 낮아져서 하늘로 떠오르지요.

③ 모든 물질을 이루는 원자나 분자

◀ 열기구의 구조 ▶

기구 안이 따뜻해지고 기구 안의 공기가 밑에서 솟아오르면서 기구 안의 밀도가 낮아져요. 그 결과, 열기구가 하늘로 떠올라요.

◀ 온도에 따라 변하는 공기 분자의 움직임 ▶

온도가 낮을 때는 공기 분자의 움직임이 적지만 온도가 높으면 분자의 움직임이 격렬해져요.

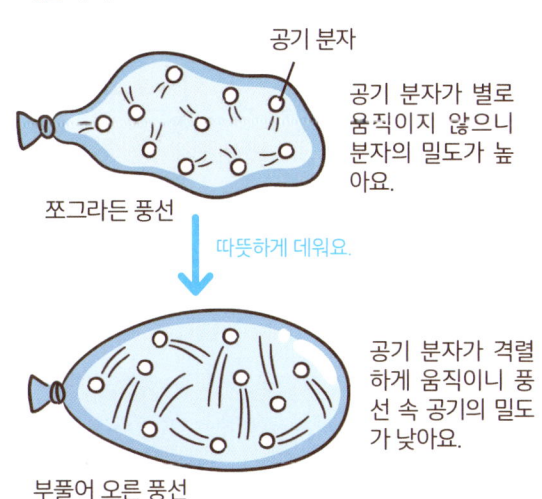

화학
물질이 녹는 방식과 녹는 양

물질이 녹는다는 건 어떤 현상일까?

설탕을 물에 넣고 섞으면 처음에는 설탕 알갱이가 잘 보이다 점차 녹아서 사라지고 투명해져요. 이때 설탕 알갱이는 눈에 보이지 않는 크기로 줄어들어서 물속을 떠다녀요. 이처럼 물질이 녹아서 액체에 골고루 섞이는 상태를 **용해**라고 해요. 이때 설탕처럼 녹는 물질을 **용질**, 녹이는 물질을 **용매**라고 하지요. 용질이 용매에 골고루 섞인 물질을 **용액**이라고 하는데, 용액은 어느 곳이나 농도가 같아요. 용매가 물인 용액은 **수용액**이라고 하며, 수용액은 투명해요.

◀ 설탕이 녹는 모습 ▶

물에 각설탕을 넣고 휘저어요. 그러면 설탕 분자가 뿔뿔이 흩어져서 물속으로 퍼지고, 어느 곳이나 농도가 같아져서 투명해져요. 이것을 녹은 상태라고 해요.

'녹은 상태'일 때, 물질은 알갱이가 작아졌을 뿐이지 분자 자체가 변한 건 아니야.

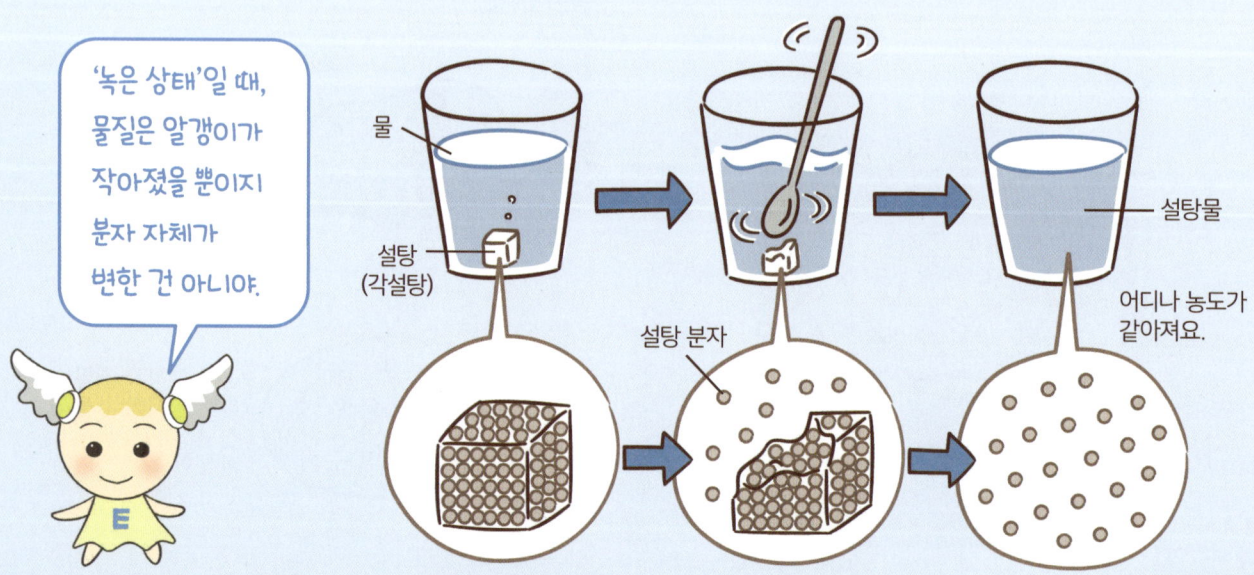

물에 녹는 양은 정해져 있다고?

설탕의 양을 늘려 물에 녹이다 보면 설탕물은 점점 더 진해지고 달콤해져요. 계속해서 설탕을 녹이면 어느 순간 설탕은 더 이상 녹지 않아요. 왜냐하면 물에 녹을 수 있는 설탕의 양이 정해져 있기 때문이죠. 설탕뿐만이 아니에요. 소금이나 명반* 등 여러 물질은 물에 녹을 수 있는 양이 정해져 있어요. 물질이 더 이상 녹을 수 없는 상태를 **포화**라고 하며, 포화 상태가 된 용액을 **포화 용액**이라고 불러요. 용액은 어떤 물질이 녹아 있느냐에 따라 산성, 알칼리성, 중성 세 종류로 나뉘어요.(→50쪽)

◀ 농도를 구하는 법 ▶

용액의 농도(%)를 구하는 식은 다음과 같아요.

녹은 물질의 무게(g) ÷ 수용액의 전체 무게(g) × 100% = 용액의 농도(%)

◀ 물 100 g에 녹는 양 ▶

물에 녹는 양은 물질에 따라 달라요. 대부분의 물질은 온도가 높아질수록 많이 녹아요. 하지만 소금처럼 온도가 높아지더라도 녹는 양이 거의 변하지 않는 물질도 있어요.

소금 결정을 추출해 봐요

물 100 mL(100 g)에 소금 40 g을 녹여 봐요(채 녹지 않은 소금이 바닥에 남아요). 녹인 소금물을 평평한 접시에 조금 따르고, 햇빛 아래 둬요. 그러면 수분이 증발해서(→55쪽) 작은 소금 결정이 나타나요.

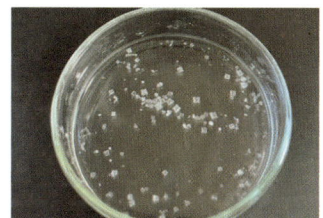

접시에 나타난 네모난 소금 결정

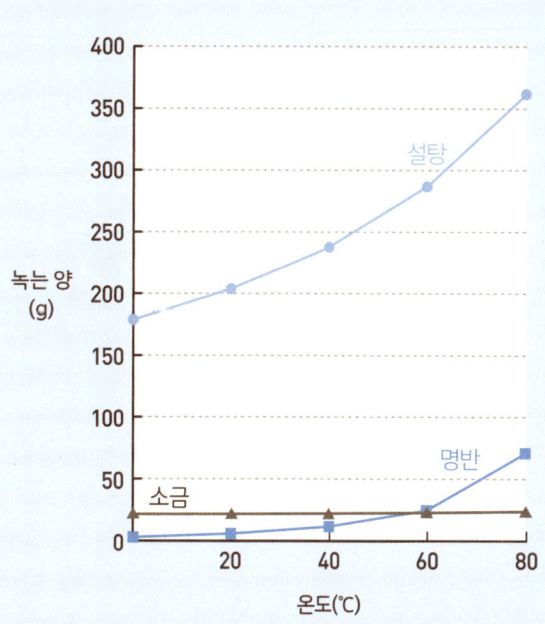

명반 떫은맛이 나는 무색투명한 정팔면체의 결정으로, 금속의 황산염으로 이루어진 물질.

화학

용액의 성질

세 종류로 나뉘는 용액

우리 주변의 용액은 산성, 알칼리성, 중성 세 종류가 있어요.
산성 용액은 대부분 신맛이 나요. 레몬즙과 식초가 산성이지요.
알칼리성 용액은 대부분 쓴맛이 나요. 요리용 베이킹소다를 녹인 물은 알칼리성 용액이라 써요.
산성과 알칼리성 둘 다 띠지 않는 용액은 중성이에요. 수돗물, 설탕물 등이 있지요.

산성·알칼리성을 띠는 수용액

용액의 산성, 알칼리성 정도는 pH라는 수치로 나타내요. 산성도 알칼리성도 아닌 중성은 pH7로 나타내지요. 숫자가 커질수록 알칼리성이 강하고, 작아질수록 산성이 강해요.

용액의 성질을 구별할 때 사용하는 리트머스지

리트머스지는 산성, 알칼리성, 중성을 구별하는 도구예요. 파란색과 빨간색 두 종류가 있는데, 파란색 리트머스지는 산성 용액에 닿으면 붉게 변하고, 빨간색 리트머스지는 알칼리성 용액에 닿으면 파랗게 변해요. 두 리트머스지 모두 중성 용액에서는 색깔이 변하지 않아요.

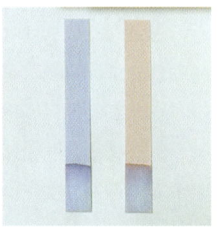

알칼리성 용액에 닿아서 파랗게 변한 리트머스지

산성과 알칼리성 용액의 특징

산성 용액은 철이나 아연 같은 금속과, 뼈나 달걀 껍데기에 포함된 탄산 칼슘을 녹여요. 시큼한 식초는 pH2~3, 음식물 소화를 돕는 위액은 pH1~2의 강한 산성을 띠죠.
알칼리성 용액은 알루미늄이나 납 등 일부 금속을 녹여요. 강한 알칼리성 용액은 단백질도 녹여요. 만약 강한 알칼리성 용액을 만졌다간 피부의 단백질이 녹아서 손상을 입을 수도 있어요.
한편 중성 용액은 산성, 알칼리성 중 어느 쪽의 성질도 갖고 있지 않아요.

◀ 산성·알칼리성·중성 용액의 특징 ▶

산성
- 신맛이 나요.
- 철이나 아연 등의 금속을 녹여요. 이때 수소 기체가 발생해요.
- 석회석이나 달걀 껍데기 등의 탄산 칼슘을 녹여요.

식초

알칼리성
- 쓴맛이 나요.
- 알루미늄이나 단백질을 녹여요.
- 만지면 미끈미끈해요.

> 강한 산성이나 강한 알칼리성 수용액은 위험하기 때문에 핥거나 만지면 안 돼.

중성
- 산성과 알칼리성 중 어느 성질도 갖고 있지 않아서 금속이나 단백질을 녹이지 않아요.

홍차 색을 바꿔 보자

홍차는 리트머스지처럼 산성과 알칼리성에 따라 색이 변해요. 홍차에 레몬즙을 넣으면 산성으로 변하며 색깔이 연해져요. 한편 탄산수소 나트륨을 넣으면 알칼리성으로 변해 거무스름해져요.

넣기 전

레몬즙

탄산수소 나트륨

④ 물질이 녹는 현상

좀 더 알고 싶어! 신기한 용액의 비밀

물질의 녹는 방식이나 용액에도 알아 두면 유익한 비밀이 잔뜩 있답니다.

 기체도 액체에 녹을까?

기체도 액체에 녹일 수 있어요. 기체가 액체에 녹는 양은 기체의 종류에 따라 정해져 있고, 액체의 온도가 낮을수록 더 많은 기체를 녹일 수 있지요.

우리 주변에서는 뚜껑을 열 때 '푸슉' 하고 기체가 나오는 탄산음료를 예로 들 수 있어요. 탄산음료에서 나오는 공기의 정체는 이산화 탄소예요. 많은 이산화 탄소를 저온에서 압력을 가해 음료수에 녹인 것이죠. 뚜껑을 열면 이산화 탄소가 빠져나가기 때문에 '푸슉' 하고 소리가 나요.

이산화 탄소는 바다나 강물에도 녹아 있어요. 전 세계 바다에는 공기 중보다 약 50배나 많은 이산화 탄소가 쌓여 있대요.

◀ 잽싸게 달아나는 이산화 탄소 ▶

탄산음료에는 많은 이산화 탄소가 녹아 있어요. 뚜껑을 열면 압력을 받아 녹아 있던 이산화 탄소가 기체로 변해 힘차게 달아나기 때문에 '푸슉' 하는 소리가 나요.

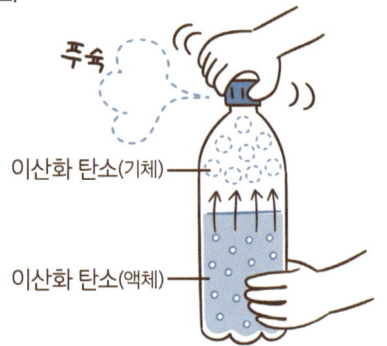

◀ 기체의 용해도 ▶

물 1 mL 안에 녹을 수 있는 기체의 양을 말해요. 특히 암모니아는 물에 많은 양이 녹아요.

기체	양(㎤)
암모니아	702
이산화 탄소	0.88
산소	0.031
수소	0.018

(1기압, 20℃의 경우)

 **세제에는 어떤 종류가 있을까?**

세제는 산성과 알칼리성, 중성 세 종류가 있어요. 무엇을 지우느냐에 따라 사용하는 세제 종류가 달라요. 빨래할 때는 약한 알칼리성을 띠는 비누나 합성세제, 혹은 중성 세제를 사용해요. 주방에서는 중성 세제나 기름때를 잘 지워 주는 알칼리성 세제를 사용하지요.

화장실이나 욕실에서 사용하는 염소계 표백제는 검은 때나 미끈미끈한 점액을 닦아 내는 알칼리성 세제예요. 탄산 칼슘을 포함한 물때는 산성 세제를 사용해요.

한편 <mark>중성 세제는 피부나 소재를 별로 손상시키지 않기 때문에,</mark> 외출복을 세탁할 때나 식기용 세제에 널리 사용해요.

④ 물질이 녹는 현상

◁ **세제의 종류와 알맞은 용도** ▷

산성 세제
전기 포트나 싱크대의 물때, 비누 찌꺼기, 변기에 붙은 때를 제거하는 효과가 있어요.

알칼리성 세제
옷에 묻은 손때 같은 기름때는 알칼리성 세제에 담가 두었다 빨면 잘 지워져요.

중성 세제
손상되기 쉬운 옷을 세탁할 때 쓰거나, 식기를 닦을 때 사용하면 피부가 상하지 않아요.

산성 세제와 알칼리성인 염소계 표백제를 섞으면 염소 가스라는 몸에 해로운 가스가 생기기 때문에 절대로 섞으면 안 돼!

화학

물질의 형태가 달라지는 상태 변화

온도에 따라 달라지는 물

얼음을 실온에 두면 녹아서 액체 상태인 물이 돼요. 이 물을 끓이면 양이 줄어들기 시작하는데, 계속해서 끓이면 끝내는 사라져요. 물(끓는 물)이 눈에 보이지 않는 기체인 수증기로 변해 공기 중으로 퍼졌기 때문이에요.

이처럼 온도나 압력 등에 따라서 물질의 모습이 달라지는 현상을 **상태 변화**라고 해요. 상태 변화를 할 때는 분자 자체는 변하지 않지만 분자 간의 결합이 변해서(→45쪽) 무게는 그대로지만, 부피가 달라져요.

◀ 물의 상태 변화 ▶

온도 높다 ↑ ↓ 낮다

물의 내부에 기포가 생기면서 수증기로 변하는 현상이에요. 수증기로 변하기 시작하는 온도는 100°C로, 이 온도를 '끓는점'이라고 해요.

끓음 ↑ ↓ 응결

수증기(기체)

식은 수증기가 한데 모여서 물이 되는 현상이에요.

물(액체)

얼음이 녹아서 물이 되는 현상이에요. 얼음이 녹기 시작하는 온도는 0°C로, 이 온도를 '녹는점'이라고 해요.

융해 ↑ ↓ 응고

물이 얼어서 단단해지고 얼음이 되는 현상이에요. 물이 얼어붙기 시작하는 온도는 0°C로, '어는점'이라고 해요.

얼음(고체)

녹는점·끓는점의 특징

얼음은 표면이 0℃(녹는점)일 때 녹기 시작해요. 녹는점에서는 물과 얼음이 섞인 상태로, 얼음이 모두 녹아 물이 될 때까지 0℃를 유지해요. 끓는점에서는 모든 물이 수증기로 변할 때까지 100℃를 유지하지요. 이처럼 <mark>녹는점, 끓는점에서는 같은 온도로 유지된답니다.</mark>
<mark>녹는점과 끓는점은 물질에 따라 달라요.</mark> 물질을 순식간에 얼리는 액체 질소는 끓는점이 -196℃예요. 따라서 상온에 놓아두면 점점 끓어 기체(질소)로 변해요. 철은 녹는점이 1500℃ 이상이라 제철소 같은 곳에서 고온으로 가열해 건축 자재나 자동차 부품 등 다양한 제품의 원료로 사용하지요.

◀ 주요 물질의 녹는점·끓는점 ▶

물질에 따라 녹는점이나 끓는점이 달라요.

물질	녹는점(℃)	끓는점(℃)	상온에서의 형태
철	1536	2861	고체
소금	801	1413	고체
물	0	100	액체
질소	-210	-196	기체

증발이란 무엇일까?

물이 표면에서 물이 수증기로 변하는 현상을 증발이라고 해요. 물은 상온에서도 조금씩 증발하지만, 끓을 때는 물 안쪽부터 증발해 기포가 생겨요.

물웅덩이가 시간이 지나면 사라지는 이유는 물이 증발하기 때문이에요.

◀ 물의 녹는점·끓는점 ▶

물은 녹는점이 0℃, 끓는점이 100℃로 온도를 일정하게 유지해요. 또한 물이 얼음이 되는 어는점 역시 얼기 시작한 뒤로 모두 얼어붙기까지 0℃를 유지해요.

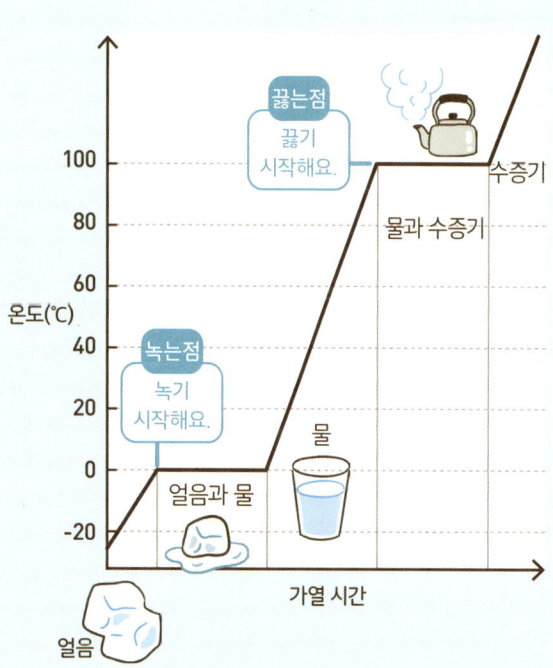

화학 — 다른 물질로 변하는 화학 변화

화학 변화는 상태 변화와 어떻게 다를까?

상태 변화는(→54쪽) 온도나 압력 등에 따라 물질의 모습이 달라지는 현상이에요. **화학 변화는 물질과 물질이 반응하는 현상이에요. 그 물질을 구성하는 원자의 조합이 달라지면서 물질의 성질이 변하는 현상을 말해요.**
예를 들어 음식물이 썩는 현상은 일종의 화학 변화예요. 음식물의 영양분인 단백질 등 커다란 분자가 작고 다양한 분자로 이루어진 다른 물질로 변하거든요. 우리 주변에 있는 화학 변화를 좀 더 찾아봐요!

◀ 상태 변화와 화학 변화 ▶

상태 변화
물질의 상태가 변화해요. 고체에서 액체로, 액체에서 고체로 오갈 수 있어요.

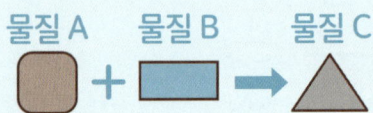

화학 변화
물질 자체가 변화해요. A와 B를 반응시켜서 C가 생겨나요.

◀ 우리 주변의 화학 변화 ▶

표백제를 사용하면 때가 화학 변화를 일으켜서 분해돼요.

음식물을 내버려두면 미생물이 작용하여 음식물 성분이 분해되고 고약한 냄새가 나는 물질 등이 생겨요.

핫케이크를 구우면 재료에 든 베이킹소다(탄산수소 나트륨)가 화학 변화를 일으켜서 기체가 생겨나 부풀어 올라요.

숯이 타면 왜 아무것도 남지 않을까?

숯은 탄소가 주된 물질이에요. 탄소는 불에 타면 공기 중의 산소와 화학 변화를 일으켜서 이산화 탄소로(→44쪽) 변해 공기 중으로 날아가요. 따라서 숯이 타고 난 뒤에는 거의 아무것도 남지 않아요. 이처럼 물질과 산소가 결합하는 화학 변화를 **산화**라고 해요. 철 등의 금속이 녹스는 현상 역시 산화의 일종이지요.

한편 산화한 물질을 원래대로 되돌릴 수도 있어요. 산화 구리를 수소 기체 안에 넣으면 구리와 물이 돼요. 구리와 결합한 산소가 수소와 합쳐져 떨어져 나가면서 구리와 물이 생겨나지요.

◀ 숯의 산화 ▶

탄소가 불에 타 공기 중의 산소와 결합하여 산화해 이산화 탄소가 생겨날 때 빛과 열이 나와요.

숯은 나무를 구워서 만들어. 나무에는 수분 등이 포함되어 있지만 태우면 다 빠져나가고 탄소만 남지.

◀ 우리 주변의 산화 ▶

철 + 산소 (+ 물) ➡ 산화 철 + **열**

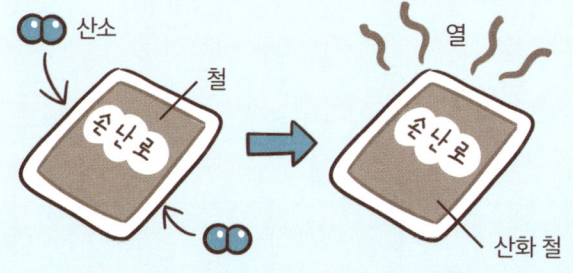

일회용 손난로는 안에 든 철 가루가 산화하면서 따뜻해져요!

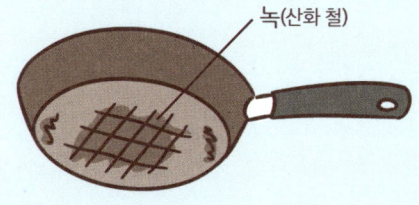

철로 만든 프라이팬이 녹스는 이유는 산소와 철이 결합해 산화 철이 되기 때문이에요!

⑤ 상태 변화와 화학 변화

| 좀 더 알고 싶어! | # 신비로운 물질의 변화 | 물질의 변화에 대해 좀 더 자세히 살펴봐요! |

 **왜 차가운 물을 담은 컵 표면에 물방울이 맺힐까요?**

얼음물처럼 차가운 물을 컵에 따라 방에 두면 컵 표면에 물방울이 맺히는 경우가 있지요? 이 물의 정체는 컵 안의 물이 아닌 공기 중에 있는 수증기랍니다.(→54쪽) 온도가 높으면 높을수록 공기 중에는 수증기가 많아질 수 있어요. 반대로 온도가 낮으면 낮을수록 공기 중에는 수증기가 조금밖에 없어요.

<mark>차가운 컵을 놓아두면 그 주변 공기가 차가워져요. 컵에 맺힌 물방울은 공기가 더 이상 가질 수 없는 수증기가 모여(응결) 액체인 물로 변하면서 생겨요.</mark>(→54쪽)

◀ **컵 표면에 맺힌 물방울의 정체** ▶

수증기는 물 분자가 하나씩 공기 중을 날아다니는 상태라 (→44쪽) 눈에 보이지 않아요. 하지만 물 분자가 모여 액체 상태의 물방울이 되면서 눈에 보이게 돼요.

 **불꽃놀이가 아름다운 이유는?**

⑤ 상태 변화와 화학 변화

불꽃놀이는 밤하늘을 다양한 빛깔로 수놓아요. 색색의 빛깔에 숨은 비밀은 폭죽 안에 든 화약에 있어요.

화약에는 불꽃놀이의 색깔을 내기 위한 금속 화합물, 목탄 가루 등의 타는 물질, 산소를 공급하는 산화제 등이 들어 있어요. 금속 화합물에 있는 구리나 나트륨, 스트론튬을 불꽃 속에 넣으면 그 종류마다 색깔이 다르게 나타나요. 이러한 성질을 불꽃 반응이라고 해요. 불꽃놀이는 불꽃 반응을 이용해 빨간색이나 노란색 등의 다양한 색을 선보이지요.

화약 안의 산화제는 많은 양의 산소를 전달해서 불꽃이 힘껏 타오르게 만들어 주는 물질이에요. 산화제가 들어 있는 폭죽은 물속에서도 타오를 정도로 힘차게 폭발해요. 로켓을 쏘아 올릴 때의 연료에도 산화제를 사용해요.

◀ **다양한 불꽃 반응** ▶

버너의 불꽃색은 금속 화합물 종류에 따라 색이 다양해요.

구리　나트륨　스트론튬

불꽃놀이는 금속 화합물의 불꽃 반응 때문에 색깔이 다양해!

폭죽 안에 금속 화합물이 든 화약이 규칙적으로 채워져 있어요.

쏘아 올린 폭죽. 빨간색, 초록색, 노란색 등 다양한 색으로 아름답게 빛나요.

풀어 보자! 퀴즈 ②

화학에 대해 알아봐요!

물질이 어떻게 이루어져 있는지 알고 있니?

Q1

공기의 무게는 얼마일까요?

① 약 1.2 g

② 약 12 g

③ 약 120 g

풍선이나 공에 공기를 채워 보면 무게가 있다는 사실을 알 수 있어요.

Q2

물보다 밀도가 높은 것은 무엇일까?

① 목재(삼나무)

② 유리

③ 얼음

Q3

물 분자를 나타내는 조합으로 올바른 것은?

① 산소 원자 2개와 수소 원자 2개

② 산소 원자 1개와 수소 원자 2개

③ 산소 원자 2개와 수소 원자 1개

Q4

40℃의 따뜻한 물에 가장 많이 녹는 물질은 무엇일까요?

① 명반

② 소금

③ 설탕

물이 따뜻할수록 물질이 잘 녹아.

Q5
알칼리성 수용액의 특징이 아닌 것은 무엇일까요?

① 만지면 미끌미끌해요.

② 신맛이 나요.

③ 단백질을 녹여요.

Q6
물이 얼어서 얼음이 되는 현상을 뭐라고 할까요?

① 응결

② 응고

③ 융해

Q7
화학 변화가 아닌 것은 무엇일까요?

① 물이 끓어서 수증기가 돼요.

② 음식물이 썩어요.

③ 핫케이크가 구워져서 반죽이 부풀어요.

Q8
산화가 아닌 것은 무엇일까요?

① 철로 만든 프라이팬이 녹슬어요.

② 10원짜리 동전의 녹이 식초에 의해 떨어져요.

③ 일회용 손난로에 들어 있는 철가루가 따뜻해져요.

정답

Q1 ① (공기 1 L는 10원짜리 동전과 비슷한 무게예요.)   **Q2** ② (밀도가 물보다 작은 것은 물에 뜨지만 큰 것은 가라앉아요.)

Q3 ②   **Q4** ③   **Q5** ② (알칼리성 수용액은 쓴맛이 나요.)   **Q6** ②

Q7 ① (물이 수증기가 되는 것은 화학 변화가 아닌 상태 변화예요.)

Q8 ② (녹이 스는 것은 산화지만 녹이 떨어지는 것은 산화가 아니에요.)

물리 — 빛의 다양한 성질

빛은 곧게 나아가요

우리 눈에 물질이 보이는 이유는 물질에서 나온 빛이나 반사된 빛이 눈으로 들어오기 때문이에요.(→68쪽)

빛은 곧게 나아가는 성질이 있어요. 이 성질을 **빛의 직진**이라고 해요. 구름 사이로 곧게 내리쬐는 햇빛을 본 적이 있나요? 그건 빛이 직진하기 때문이에요. 빛은 뭔가에 부딪히지 않는 한 방향을 바꾸지 않아요.

◀ **빛의 직진** ▶

빛이 벽으로 향하면 곧게 나아가 벽을 비춰요.

햇빛을 똑바로 보면 눈이 상하니까 절대로 직접 보면 안 돼!

구름 사이로 보이는 햇빛.

빛의 반사와 굴절

빛을 거울에 비추면 빛이 거울 표면에서 튕겨 나와요. 이와 같은 성질을 **빛의 반사**라고 하지요. 물 위에 햇빛이 눈부시게 반짝이는 현상도 반사의 한 종류예요.

빛은 물속을 지날 수도 있어요. 빛이 물로 들어갈 때는 수면에 부딪히며 꺾여 나가요. 이 성질을 **빛의 굴절**이라고 불러요.

물이 든 컵에 넣은 빨대가 구부러져 보이는 이유도, 수영장이 실제 깊이보다 얕아 보이는 이유도 모두 빛의 굴절 때문이에요.

⑥ 사물이 보이고 소리가 들리는 원리

◀ 빛의 반사 ▶

햇빛이 반사되어 반짝이는 수면.

빛은 곧게 나아가지만 거울에 부딪치면 튕겨 나와요. 그 뒤 다시 곧게 나아가요.

◀ 빛의 굴절 ▶

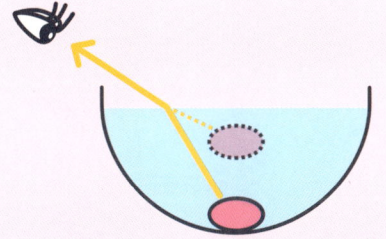

물이 든 그릇에 쇠구슬을 넣어 봐요. 쇠구슬이 바닥에 가라앉아 있어도 위에서 보면 실제보다 얕은 위치에 있는 것처럼 보여요.

물이 든 컵에 곧게 뻗은 빨대를 넣고 위에서 보면 구부러진 것처럼 보여요.

물리

소리의 다양한 성질

소리의 정체는 공기의 떨림

우리가 목소리를 낼 때 목이 떨리며 진동이 생겨요. 이 진동은 공기의 떨림으로 변해 공기 중으로 전해지고, 귓속에 있는 고막을 진동시키지요. 뇌가 그 신호를 받아들이면서 소리를 느껴요. 다시 말해, 소리의 정체는 공기의 떨림이에요. 사람의 목소리뿐만 아니라 뭔가를 때릴 때 나는 소리나 기계에서 나는 소리 역시 마찬가지랍니다.

우주에는 공기가 없어 소리가 전달되지 않아요. 어떤 소리도 들리지 않는 조용한 공간이지요.

◀ 목소리가 들리는 과정 ▶

1. 목소리를 내면 목(성대)이 떨려요.
2. 떨림이 공기 중으로 전해져요.
3. 공기의 떨림이 귓속 고막을 진동시켜요.
4. 떨림의 신호가 뇌로 전해져 '소리'를 느끼게 돼요.

소리의 떨림을 확인해 봐요

북을 세게 때리고 북 위에 손을 살짝 대 보면 떨림을 느낄 수 있어요. 이번에는 북 위에 찢은 종이를 올려놓고 때려 볼까요? 진동으로 종이가 튀어 올라요. 이처럼 소리를 내는 것은 미세한 떨림이 있어요.

다양한 물질을 통해 전달되는 소리

공기만 소리를 전달하는 건 아니에요. 물 같은 액체나 목재, 금속처럼 단단한 물질도 소리를 전달해요. 물도 소리를 전달해서 물속에서 울린 소리를 물속에서도 들을 수 있어요.

한 사람은 철봉에 귀를 대고 있고 조금 떨어진 곳에서 누가 철봉을 때린다면 철봉을 따라 전해진 소리를 들을 수 있지요.

소리가 전달되는 속도는 물질의 종류에 따라 달라요. 공기보다 물은 약 4.5배, 철은 약 15배 빠르게 소리를 전달해요.

⑥ 사물이 보이고 소리가 들리는 원리

◀ 소리를 전달하는 물질 ▶

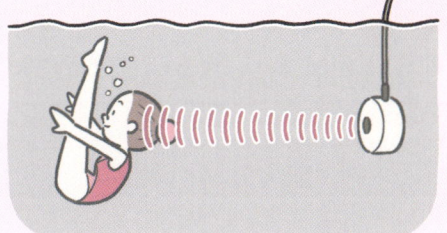

물

물속에서 울린 소리가 전해져서 들려요.

철

철을 따라 때리는 소리가 전해져서 들려요.

◀ 소리가 전해지는 속도 ▶

소리의 속도는 소리를 전달하는 물질의 소재나 밀도에(→42쪽) 따라서 달라요. 물속에서는 소리가 공기 중에 비해 약 4.5배 빠른 속도로 나아가요.

물질	소리의 속도 (m/s)	물질	소리의 속도 (m/s)
공기	341	얼음	3100
헬륨	972	철	5120
물	1484	유리	3430
알코올	1150	대리석	6100
수은	1451	폴리에틸렌	1950

아티스틱 스위밍은 수영장 안에 수중 스피커로 음악을 틀고 연기해.

| 좀 더 알고 싶어! | # 빛과 소리의 신비 | 빛과 소리의 신비한 성질을 알아봅시다. |

 **어떻게 무언가를 볼 수 있을까?**

태양이나 전등처럼 스스로 빛을 내는 물체를 광원이라고 해요. 광원의 빛은 눈에 직접 전해지기 때문에 우리가 느낄 수 있어요. 그렇다면 스스로 빛을 내지 않는 물체는 어떻게 볼 수 있을까요? 사람은 어슴푸레한 방에서는 눈이 익숙해지면 간신히 뭔가를 볼 수 있지만, 빛이 전혀 없는 방에서는 방 안의 물체를 볼 수 없어요. 우리가 뭔가를 볼 수 있는 이유는 광원에서 나온 빛이 물질의 표면에 부딪쳐서 다양한 방향으로 반사되고, 그 반사된 빛이 눈으로 들어오기 때문이에요. '본다'는 것은 그 물질이 반사한 빛을 보는 셈이죠.

물체가 보이는 방식

밝은 방
광원의 빛과 물체에 반사된 빛이 눈으로 들어와서 물체를 볼 수 있어요.

빛이 없는 방
빛이 없어서 방 안의 물체를 볼 수 없어요.

 **왜 천둥보다 번개가 빠를까?**

비가 오는 날에 번개가 번쩍인 뒤 몇 초 지나서 천둥 소리가 들려요. 천둥과 번개는 동시에 일어났을 텐데, 왜 소리는 빛보다 늦을까요?

<mark>소리는 공기 중에서 1초 동안 약 340 m를 나아가요.</mark>(→67쪽) <mark>빛은 1초 동안 지구의 7바퀴 반 정도인 약 30만 km를 나아가지요. 즉, 빛은 소리보다 100만 배 빠른 속도로 나아가요.</mark> 멀리 떨어진 장소에서 번개가 치면 빛이 빠르게 우리 눈에 도달하고, 이후에 소리가 귀에 도달해요.

빛과 소리의 시간차를 통해 번개와의 거리를 알 수 있어요. 예를 들어 소리와 빛이 약 3초 차이가 날 때, 번개와 우리의 거리는 약 1 km예요. 약 6초 차이가 나면 약 2 km, 약 9초 차이가 나면 3 km 정도 떨어져 있는 셈이죠.

◀ **번개의 빛이 보이고 천둥소리가 들리는 방식** ▶

번개의 빛은 번개가 침과 거의 동시에 보일 정도로 빠르게 우리 눈에 도달해요. 소리는 1초 동안 340 m밖에 나아가지 못하므로 우리 귀에 도달하는 데 빛보다 훨씬 시간이 오래 걸려요.

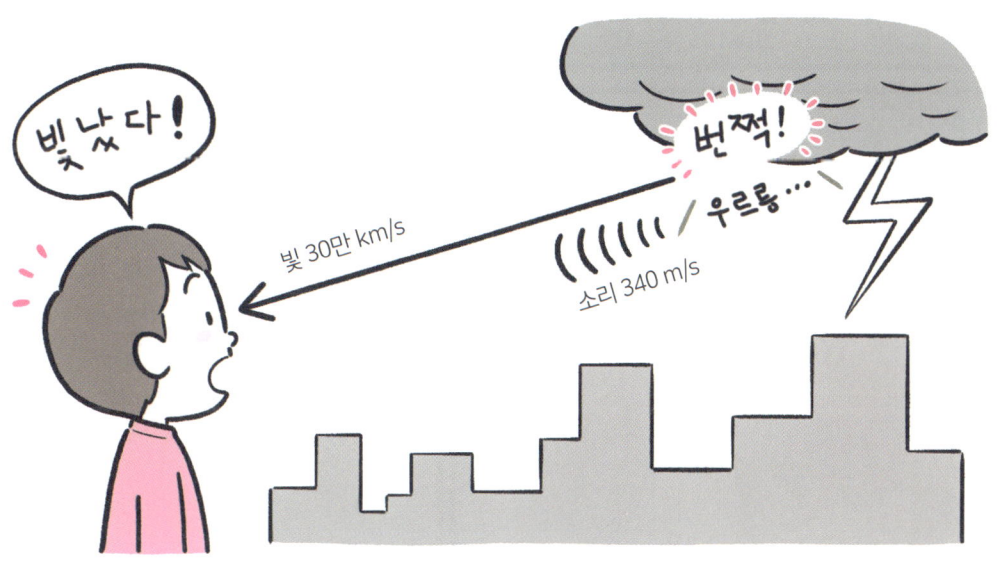

⑥ 사물이 보이고 소리가 들리는 원리

물리

진자의 구조와 성질

진자란 무엇일까?

끈 끝에 추가 달려 있고 규칙적으로 흔들리는 물체를 진자라고 해요. 우리 주변에서 쉽게 볼 수 있는 그네도 진자지요.

그네는 땅을 세게 박차든 살살 박차든 한 번 왕복하는 데 걸리는 시간이 변하지 않아요. 이처럼 <mark>진자가 한 번 왕복하는 데 걸리는 시간(주기)은 흔들리는 폭이나 추의 크기와 상관없이 동일해요.</mark>

진자의 이 성질은 박자를 세는 메트로놈이나 괘종시계 등에 이용해요.

◀ 진자의 구조 ▶

끈을 곧게 당겼다 놓으면 좌우로 흔들리며 왔다 갔다를 반복해요. 끈을 매단 부분을 지점으로 보았을 때, 좌우로 흔들린 부분을 진폭이라고 해요.

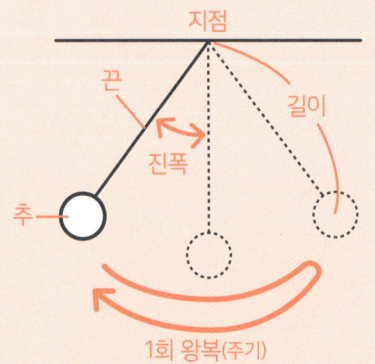

◀ 우리 주변의 진자 ▶

그네는 우리 주변에 있는 진자 중 하나예요. 땅을 살살 박차면 진폭이 작고 속도도 느려요. 땅을 힘껏 박차면 진폭이 크고 속도도 빨라져요. 그래서 한 번 왕복하는 데 걸리는 시간은 같지요.

진폭이 작고 느려요.   진폭이 크고 빨라요.

길이에 따라 달라지는 진자의 속도

추가 무거워지면 진자의 주기는 달라질까요? 진자의 주기는 추의 무게를 바꾸더라도 변하지 않아요. 그렇다면 진자의 길이를 바꾸면 주기는 어떻게 될까요? 진자의 주기는 진자의 길이에 따라 변해요. 진자가 길면 주기도 길고, 진자가 짧으면 주기도 짧아요. 예를 들어 진자의 길이가 4배로 늘어나면 주기는 2배로 늘어나요.

시간을 정확히 재야 하는 괘종시계나 음악의 빠르기를 확인하는 메트로놈은 진자의 길이가 달라지도록 추의 위치를 조절해서 시간을 조정할 수 있어요.

⑦ 힘과 도구

◀ 진자를 이용한 도구 ▶

괘종시계

시계 밑에 추가 달린 진자가 있어요. 추 아래쪽의 나사를 돌리면 진자의 위치가 달라져 시곗바늘의 속도를 조정할 수 있어요.

나사

메트로놈

위쪽을 향한 진자를 이용해 템포(빠르기)를 맞추는 도구예요. 추를 아래로 내리면 진자가 짧아져서 템포가 빨라져요. 반대로 추를 위로 올리면 템포가 느려져요.

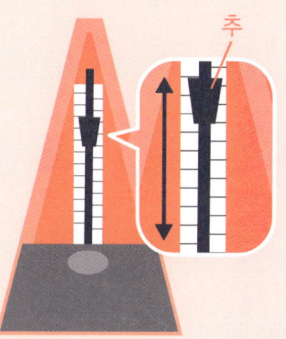

추

◀ 진자의 길이와 주기 ▶

길이가 1 m인 진자는 약 1초 동안 한 번 왕복해요. 길이가 4 m인 진자는 약 2초 동안 한 번 왕복하지요.

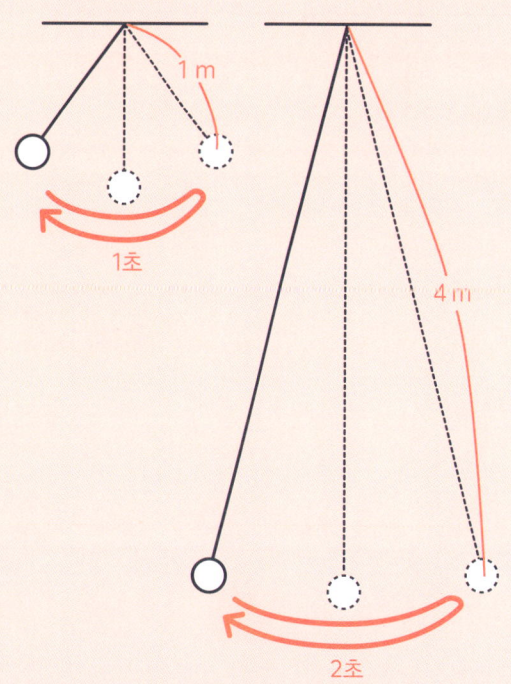

물리 — 지레의 원리

작은 힘으로 큰 힘을 만들어 내는 '지레'

시소처럼 막대의 한 점을 받치고 힘을 가하면 물체가 들리거나 움직이는 도구를 **지레**라고 해요. 막대를 받치는 점을 받침점, 힘을 가하는 점을 힘점, 물체에 작용하는 점을 작용점이라고 하지요. 지레는 받침점과 힘점의 거리나 받침점과 작용점의 거리에 따라 물건을 드는 데 들어가는 힘이 달라요. 지레를 잘 사용하면 무거운 물체를 작은 힘으로 움직일 수 있지요.

지레의 원리

막대를 한 점으로 받치고, 막대에 힘을 가하면 물체를 들어 올리거나 움직일 수 있어요.

힘점, 작용점의 위치와 힘의 크기

받침점에서 작용점이나 힘점까지의 거리가 달라지면 힘점에 가해야 하는 힘이 달라져요.

작용점의 위치를 받침점 쪽으로 가까이 하면 더 작은 힘으로 들어 올릴 수 있어요.

힘점의 위치를 받침점에서 멀리 떨어뜨리면 더 작은 힘으로 들어 올릴 수 있어요.

기울이는 작용이 같으면 균형을 이루는 '지레'

지레의 원리는 '힘의 크기(추의 무게)×받침점에서의 거리(추의 위치)'로 나타나요. 그렇기 때문에 왼팔과 오른팔에서 이 수치가 같아지면 지레는 균형을 이루지요.

아래 그림처럼 힘을 가하는 위치나 크기를 숫자로 알아볼 수 있는 실험용 지레로 지레의 균형에 대해 알아볼까요? 이 경우, 왼팔의 지레를 기울이는 작용은 '10×6=60', 오른팔의 지레를 기울이는 작용은 '20×3=60'이에요. 왼팔과 오른팔의 수치가 같기 때문에 지레는 균형을 이루어요.

⑦ 힘과 도구

◀ 지레와 균형 ▶

균형이 맞는 경우

왼팔과 오른팔의 지레를 기울이는 작용이 같아지면 균형이 맞아요.

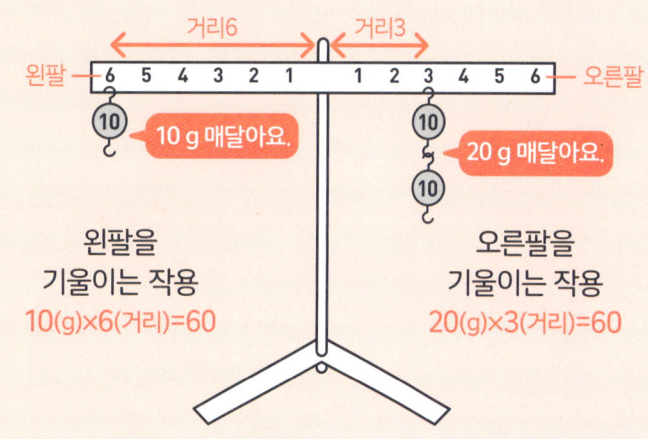

왼팔을 기울이는 작용
10(g)×6(거리)=60

오른팔을 기울이는 작용
20(g)×3(거리)=60

균형이 맞지 않는 경우 왼팔과 오른팔의 지레를 기울이는 작용이 같지 않을 경우 균형이 맞지 않아요.

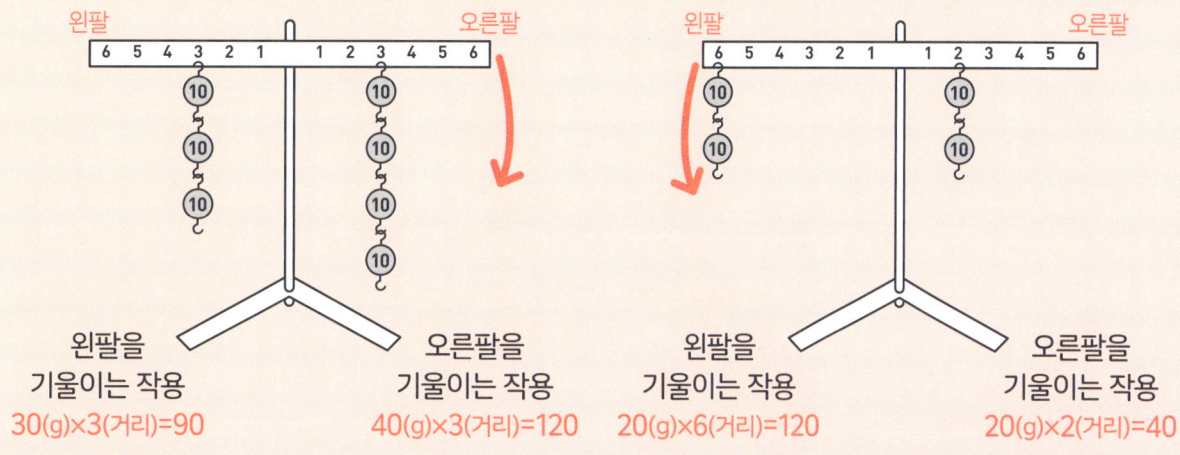

왼팔을 기울이는 작용
30(g)×3(거리)=90

오른팔을 기울이는 작용
40(g)×3(거리)=120

왼팔을 기울이는 작용
20(g)×6(거리)=120

오른팔을 기울이는 작용
20(g)×2(거리)=40

물리 — 지레를 이용한 도구

세 종류로 나눌 수 있는 지레

우리 주변에서 지레의 원리를 이용한 도구를 쉽게 찾을 수 있어요. 이런 도구는 용도나 사용법에 따라 받침점, 작용점, 힘점의 위치가 서로 달라요. 지레는 크게 세 종류로 나뉘지요.

① 1종 지레: 힘점-받침점-작용점 또는 작용점-받침점-힘점으로 구성(펜치, 가위 등)
② 2종 지레: 받침점-작용점-힘점으로 구성(병따개, 캔 압축기 등)
③ 3종 지레: 받침점-힘점-작용점 순으로 구성(쪽가위, 핀셋 등)

지레를 이용한 도구

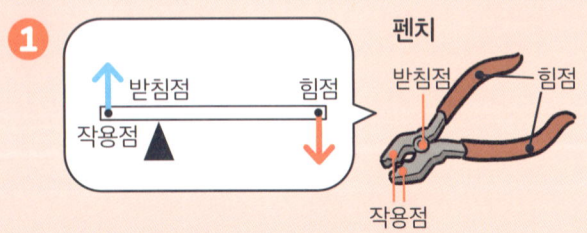

1종 지레: 작용점-받침점-힘점
힘점에 힘을 가하면 받침점 맞은편에 있는 작용점에서 큰 힘이 생겨요.

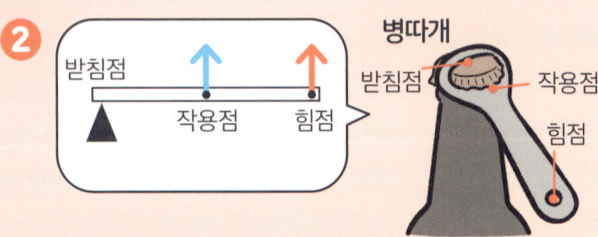

2종 지레: 받침점-작용점-힘점
힘점에 힘을 가하면 받침점과 힘점 사이에 있는 작용점에서 큰 힘이 생겨요.

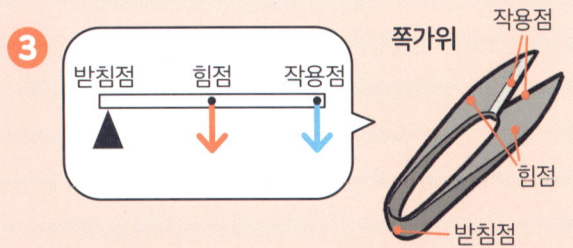

3종 지레: 받침점-힘점-작용점
힘점에 힘을 가하면 힘점을 사이에 두고 받침점 반대편에 있는 작용점을 크게 움직일 수 있어요.

큰 힘을 만들어 내는 축바퀴

⑦ 힘과 도구

축바퀴는 큰 바퀴와 작은 바퀴를 합친 도구로, 지레의 원리를 이용해요.

대표적인 축바퀴로는 나사를 돌릴 때 쓰는 드라이버가 있어요. 드라이버는 손잡이인 큰 바퀴를 돌리면 중심에 있는 작은 바퀴가 강한 힘으로 돌아가 편하게 나사를 조이거나 풀 수 있지요. 즉, 작은 힘으로 큰 힘을 만들어 내는, 회전하는 지레인 셈이에요.

축바퀴를 이용한 도구는 무척 많아요. 손잡이를 비틀어서 물을 트는 수도꼭지, 타이어의 방향을 바꾸는 자동차 운전대도 작은 힘으로 빡빡한 물체를 돌리는 축바퀴랍니다.

방망이로 힘 비교하기

친구와 방망이 양 끝부분을 붙잡고 서로 반대 방향으로 돌려서 힘을 비교할 때, 누가 더 쉽게 이길까요? 바로, 굵은 쪽을 잡고 있는 사람이에요. 그 이유는 굵은 부분(큰 바퀴)을 돌리면 얇은 부분(작은 바퀴)에 더욱 강한 힘을 만들어 낼 수 있기 때문이지요.

굵은 쪽   얇은 쪽

◀ 축바퀴의 원리 ▶

작은 바퀴의 크기에 비해 큰 바퀴가 클수록 힘이 커져요. 예를 들어 큰 바퀴의 반지름이 작은 바퀴의 반지름보다 3배 클 경우, 작은 바퀴가 회전하는 힘은 3배가 돼요.

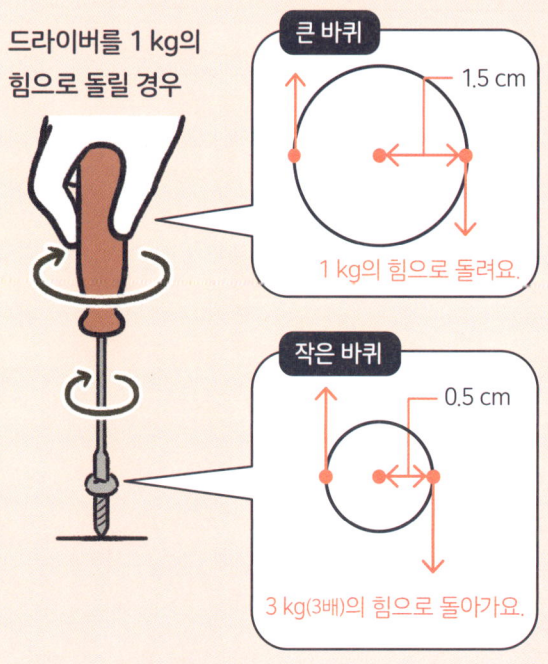

드라이버를 1 kg의 힘으로 돌릴 경우

큰 바퀴 — 1.5 cm
1 kg의 힘으로 돌려요.

작은 바퀴 — 0.5 cm
3 kg(3배)의 힘으로 돌아가요.

도르래의 작용

물리

작은 힘으로 무거운 물체를 움직인다!

도르래는 돌아가는 원판에 끈을 걸어서 짐 따위를 들어 올리는 도구예요. 도르래 중에서 천장 등에 고정된 것을 '고정도르래', 도르래 자체가 움직이는 것을 '움직도르래'라고 불러요.

고정도르래는 끈을 당기는 방향이 바뀌면 힘의 방향도 바뀌어요. 움직도르래는 힘의 방향을 바꿀 수 없지만 천장과 사람의 힘이 작용해서 짐을 절반의 힘으로 들어 올릴 수 있지요. 움직도르래는 엘리베이터 등에 사용해요.

고정도르래와 움직도르래

고정도르래

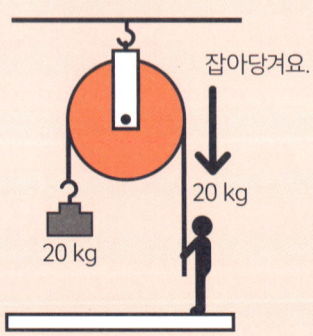

잡아당겨요.
20 kg
20 kg

- 힘의 방향을 바꿀 수 있어요.
- 하나의 힘으로 짐을 들어 올리기 때문에 끈을 당기는 힘은 추의 무게와 같아요.
- 끈을 당기는 거리는 변하지 않아요.

예 **우물**
체중을 실어서
아래로 당길 수 있어요.

움직도르래

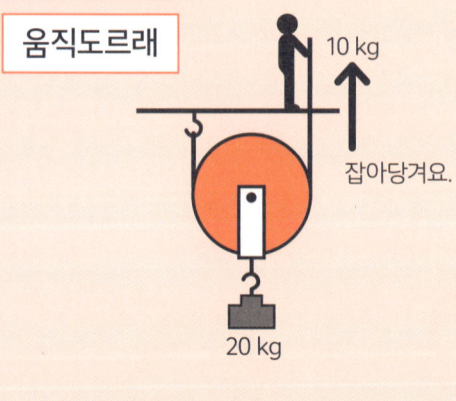

10 kg
잡아당겨요.
20 kg

- 힘의 방향을 바꿀 수 없어요.
- 두 힘(천장과 사람)으로 짐을 들어올리기 때문에 끈을 당기는 힘은 추의 무게의 절반이 들어요.
- 끈을 당기는 거리는 2배가 돼요.

예 **엘리베이터, 크레인 등**
(→79쪽)

움직도르래를 조합하면?

움직도르래는 짐을 무게의 절반의 힘으로 들어 올릴 수 있어요. 그럼 움직도르래를 여러 개 조합하면 필요한 힘의 크기는 어떻게 될까요?

움직도르래 2개를 사용하면 필요한 힘은 4분의 1이면 충분해요. 움직도르래를 3개 사용하면 힘은 6분의 1이면 충분하지요. <mark>움직도르래를 많이 사용하면 할수록 작은 힘으로 짐을 들어 올릴 수 있어요.</mark>
고정도르래와 움직도르래를 여러 개 조합한 '복합도르래'는 무척 무거운 물체를 들어 올려야 하는 크레인 등에 사용하지요.

⑦ 힘과 도구

◀ 복합도르래 ▶

움직도르래와 고정도르래를 조합한 도르래예요. 움직도르래를 2개 사용하면 100 kg의 짐을 들어 올리는 데 4분의 1의 힘(25 kg)이면 충분해요.

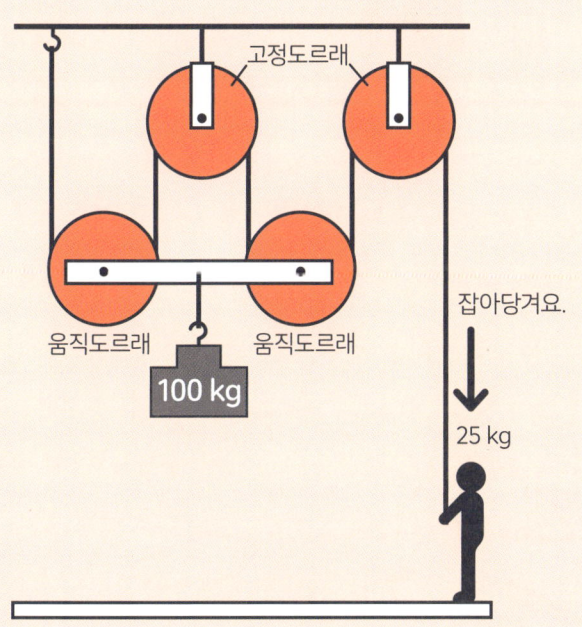

◀ 크레인의 복합도르래 ▶

크레인 끝부분에는 움직도르래와 고정도르래를 조합한 복합도르래가 쓰여요. 아래 그림은 도르래를 3개 사용하기 때문에 힘은 6분의 1이면 충분하지만 평범하게 들어 올릴 때보다 6배 긴 밧줄이 필요해요.

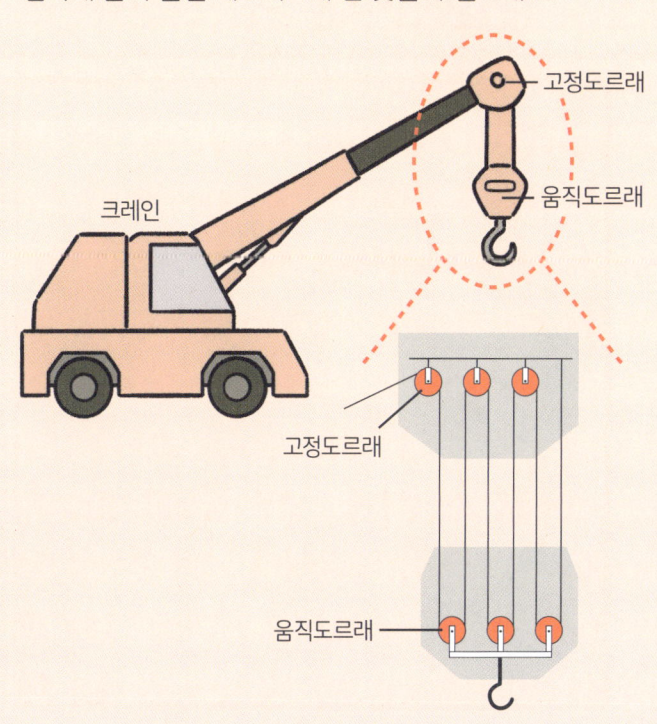

물리

자석의 다양한 성질

어떤 물체가 자석에 달라붙을까?

책, 지우개, 가위, 클립, 동전 중 자석에 붙는 물체는 무엇일까요?

금속이 아닌 책이나 지우개는 자석에 붙지 않아요. 또한 10원짜리나 100원짜리 같은 동전은 금속이지만 자석에 붙지 않죠. 가위나 클립 등 철로 만든 물체는 자석에 붙어요.

==철은 자석에 붙는 성질이 있어요.== 그 외에 니켈이나 코발트라는 금속, 철 가루(산화 철)도 자석에 붙어요.

◀ 자석에 붙는 물체 ▶

안전핀   클립   철제 선반

◀ 자석에 붙지 않는 물체 ▶

금속이 아닌 것 **금속**

연필   공책   옷   알루미늄 포일   구리 선

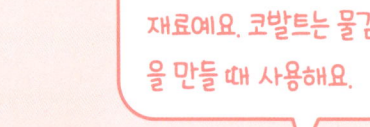
니켈은 스테인리스의 재료예요. 코발트는 물감을 만들 때 사용해요.

S극과 N극이 있는 자석

자석의 양쪽 끝은 자석의 힘이 가장 강한 부분으로, 자석의 **극**이라고 해요. 극에는 S극과 N극이 있어요. 다른 극끼리는 서로를 끌어당기고 같은 극끼리는 밀어내요. 이처럼 자석이 주변의 자석을 끌어당기거나 밀어내는 힘을 **자력**이라고 해요.

자력은 물속에서도 작용해요. 물이 담긴 컵에 클립을 넣고 그 안에 자석을 담그면 클립이 자석에 붙지요.

물뿐만이 아니에요. 자력은 목재나 종이, 알루미늄이나 구리 등 자석에 붙지 않는 재료가 사이에 있더라도 작용해요. 자석과 철 사이에 10원짜리 동전이나 알루미늄 포일 등을 끼워서 확인해 봅시다.

⑧ 자석과 전기의 세계

◀ 물속에서도 작용하는 자력 ▶

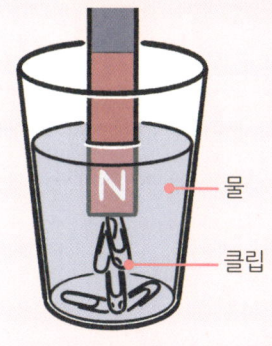

물이 담긴 컵에 클립을 넣고 자석을 담그면 클립이 자석에 붙어요.

- 물
- 클립

◀ S극과 N극 ▶

서로 다른 극끼리 끌어당기고, 같은 극끼리 밀어내요.

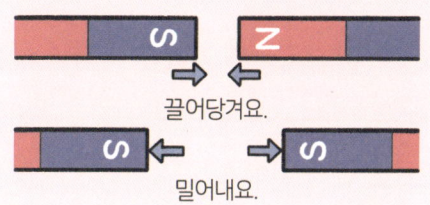

끌어당겨요.

밀어내요.

◀ 자석에 붙지 않는 금속을 통과하는 자력 ▶

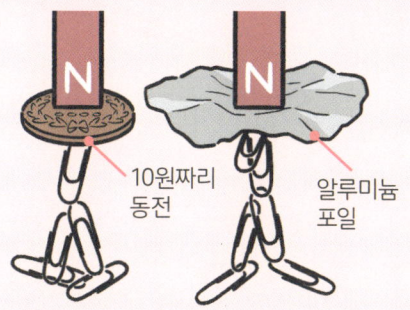

- 10원짜리 동전
- 알루미늄 포일

10원짜리 동전이나 알루미늄 포일이 사이에 있어도 클립이 자석에 붙어요.

자석 주변에 철 가루를 뿌리면?

두꺼운 종이 위에 자석을 올려놓고 철 가루를 뿌리면 철 가루가 자석으로 변해 S극과 N극을 연결하는 선 같은 무늬(자기력선)를 만들어요.

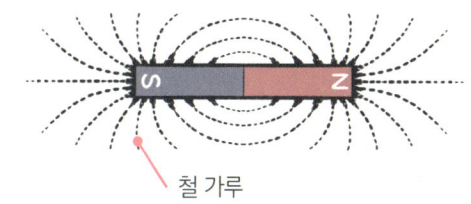

- 철 가루

83

좀 더 알고 싶어! 신기한 자석

자석에는 우리가 모르는 신기한 성질이 잔뜩 숨어 있어요.

자석에 붙은 물체는 자석이 된다고?

철로 만든 숟가락에 클립을 갖다 대더라도 클립이 숟가락에 붙지는 않아요. 둘 다 자석이 아니기 때문이에요.

그럼 달라붙는 힘이 강한 자석에 숟가락을 붙이고, 그 숟가락에 클립을 가져가면 어떻게 될까요? 클립이 숟가락에 붙어요. 이를 통해 자석에 붙은 철은 다른 철을 끌어당긴다는 사실을 알 수 있어요.

다음으로 숟가락을 자석에서 살짝 떼어 내요. 잠깐은 클립이 숟가락에 달라붙어 있어요. 이처럼 자석은 붙은 물체를 일시적으로 자석으로 바꿀 수 있어요. 특히 철에 탄소 등을 섞은 강철은 자석으로 쉽게 변해요.

▶ 물체가 자석에 붙어 자석의 성질을 띠는 과정 ◀

1

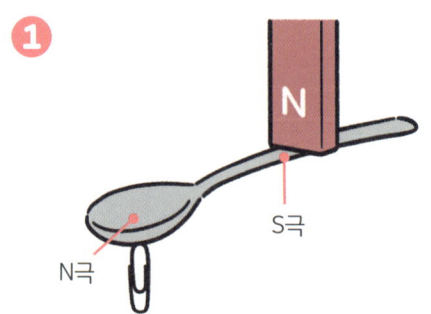

자석을 붙인 숟가락에 클립을 가져다 대면 숟가락에 클립이 붙어요.

2

①의 상태에서 자석을 떼어 내요. 일시적으로 숟가락이 자석의 성질을 띠기 때문에 클립은 떨어지지 않아요.

 **나침반은 왜 항상 북쪽을 가리킬까?**

나침반은 방위를 알려 주는 도구예요. 바늘의 N극은 북쪽을, S극은 남쪽을 가리키기 때문에 지구 어느 곳에 있더라도 방위를 알 수 있지요. 대체 왜 나침반 바늘은 남과 북을 가리킬까요?

<u>나침반 바늘은 자석으로 만들어졌어요. 그런데 지구도 커다란 자석이라고 볼 수 있어요.</u> 지구의 S극은 북극 부근에 있고, N극은 남극 부근에 있어요. 자석은 다른 극(N극과 S극)끼리 서로를 잡아당기는 성질이 있기 때문에(→83쪽) 나침반의 N극은 북쪽, S극은 남쪽을 가리켜요.

왜 지구를 자석이라 할 수 있을까요? 지구의 내부를 살펴보면 답을 찾을 수 있어요. 지구의 안쪽에는 철 등의 금속이 액체 상태로 녹아 있는 층(외핵)이 지구의 자전으로 회전하며 전류를 발생시켜요. 이 전류가 자력을 만들기 때문에 지구에 자력이 생겨나요.

◀ **나침반의 N극이 북쪽을 가리키는 까닭** ▶

지구는 북쪽이 S극, 남쪽이 N극인 자석이라 할 수 있어요. 선은 자기력선으로,(→83쪽) 자기력선은 S극, N극 부근에서 나와요. 자기력선의 범위 안에서는 나침반의 북쪽(N극)이 항상 S극을 가리켜요.

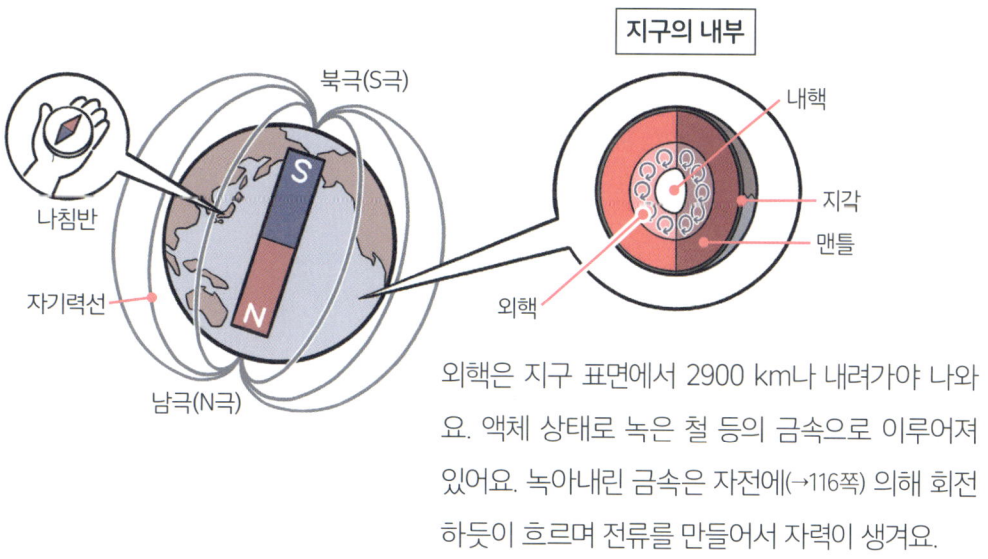

외핵은 지구 표면에서 2900 km나 내려가야 나와요. 액체 상태로 녹은 철 등의 금속으로 이루어져 있어요. 녹아내린 금속은 자전에(→116쪽) 의해 회전하듯이 흐르며 전류를 만들어서 자력이 생겨요.

⑧ 자석과 전기의 세계

물리
전기 양의 균형을 무너뜨린 정전기

정전기는 무엇일까?

우리 주변에 있는 모든 것은 양과 음의 전기를 띠고 있어요. 보통 이 양전기와 음전기의 양이 같아서 반응이 없기 때문에 이 전기를 느끼지 못해요.

그런데 물체와 물체가 마찰하면 이 사이에서 음전기가 이동해 한쪽에는 음전기, 다른 한쪽에는 양전기 비율이 많아져요. 이렇게 **한쪽에 전기가 계속 쌓여서 전기의 균형이 무너진 상태를 정전기라고 해요.** 무너진 전기의 균형이 원래대로 돌아올 때 찌릿하고 작은 전기가 흘러요.

공기에 수분이 많으면 정전기가 공기 중으로 달아나기 쉬워.

전기가 흐르는 원리

겨울에 아크릴 섬유로 된 스웨터를 입고 금속 문고리를 만지면 찌릿하고 전기가 흐르며 따끔할 때가 있어요. 이 현상은 스웨터가 스쳐서 문고리의 음전기가 양전기를 띤 몸으로 단숨에 흐르면서 발생해요.

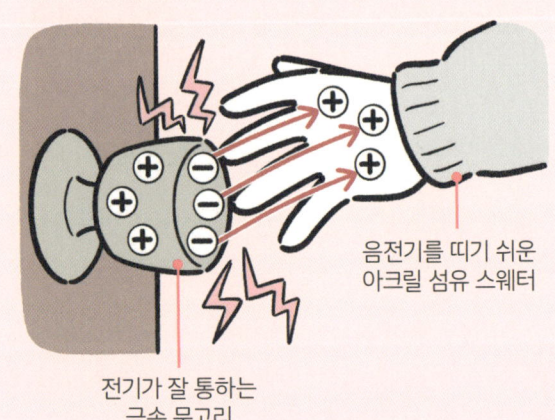

음전기를 띠기 쉬운 아크릴 섬유 스웨터

전기가 잘 통하는 금속 문고리

책받침으로 머리카락을 문지르면 달라붙는 이유는 무엇일까?

정전기에는 두 가지 성질이 있어요. **첫째, 각기 다른 양과 음의 전기를 띤 물질은 서로를 끌어당겨요. 둘째, 양과 양, 음과 음의 같은 전기를 띤 물질은 서로를 밀어내요.**

책받침으로 머리카락을 문지르면 머리카락이 삐죽 솟으며 책받침에 달라붙는 이유가 뭘까요? 책받침 소재인 '폴리염화비닐'은 음전기를, 머리카락은 양전기를 띠기 쉽기 때문이에요. 머리카락을 문지르면 책받침에는 음전기가, 머리카락에는 양전기가 많아져 서로를 잡아당겨서 머리카락이 책받침에 달라붙지요.

⑧ 자석과 전기의 세계

◀ 물질에 따라 정해지는 전기의 성질 ▶

물질에 따라 음전기나 양전기를 띠는 정도가 달라져요. 음전기를 띠기 쉬운 물질과 양전기를 띠기 쉬운 물질을 마찰시킬수록 큰 정전기가 발생해요.

← 양전기를 띠기 쉬운 물질   음전기를 띠기 쉬운 물질 →

모피, 머리카락 / 양모 / 나일론 / 무명 / 마 / 나무 / 사람 피부 / 알루미늄 / 종이(단수 포함) / 철 / 스테인리스 / 고무 / 폴리에스터 / 아크릴 섬유 / 폴리염화비닐

◀ 머리카락이 책받침에 달라붙는 이유 ▶

정전기에는 두 가지 성질이 있어요.
① 양과 음의 전기를 띤 물질은 서로를 끌어당겨요.
② 양과 양, 음과 음의 같은 전기를 띤 물질은 서로 밀어내요.

정전기로 빨대를 움직여 보자

휴지로 빨대 2개를 비빈 뒤, 가까이 가져가 봅시다. 두 빨대는 모두 음전기를 띠기 때문에 서로를 밀어내요.

❶
빨대 2개를 휴지로 비벼요.

❷
밀어내요.
페트병 위에 빨대 하나를 올려놓고 다른 빨대를 갖다 대 봐요.

물리

전기의 정체와 성질

전기는 무엇으로 이루어졌을까?

물질은 음전기를 띤 작은 알갱이인 전자를 포함하고 있어요. 전기가 통하지 않는 물질은 전자들이 이동할 수 없지만, **전기가 통하는 물질은 전자가 자유롭게 이동할 수 있어요.**
전기가 통하는 물질을 건전지에 연결하면 안쪽의 전자는 건전지의 음극에서 양극으로 이동해요. 이 전자의 움직임이 바로 **전기**이고 전기의 흐름을 **전류**라고 해요.

◀ 전기와 전자의 흐름 ▶

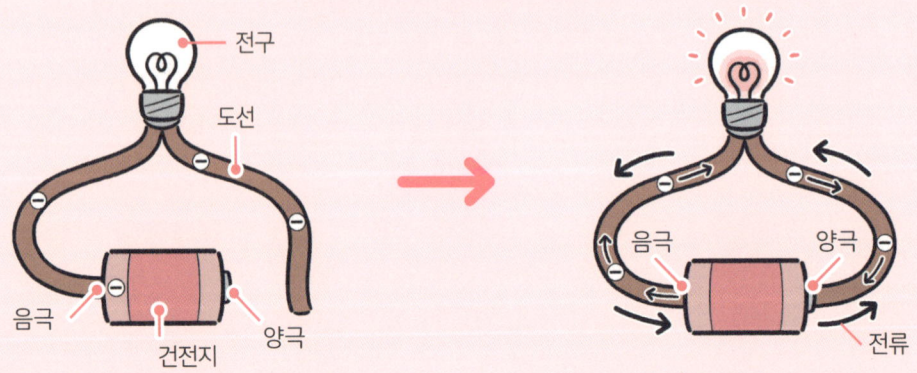

전기가 통하는 전구나 도선, 건전지 안에 있는 전자는 건전지의 양극과 연결되지 않으면 자유롭게 이동할 수 없어요.

건전지에 연결하면 양극에서 음극 방향으로 전류가 흘러요. 전자는 전류와 반대로 음극에서 양극으로 움직여요.

건전지에는 화학 반응에 따라 전자를 내보내는 물질이 음극에, 전자를 받아들이는 물질이 양극에 들어 있어.

전기가 통하는 물체와 통하지 않는 물체

전구와 건전지를 연결하는 도선 중간에 10원짜리 동전을 끼워 볼까요? 전구에 불이 들어와서 10원짜리 동전은 전기가 통한다는 사실을 알 수 있어요. 그런데 전기가 통하지 않는 지우개를 끼우고 연결하면 전구 불이 들어오지 않아요. 지우개는 전기가 통하지 않으니까요. 이처럼 물질에는 전기가 통하는 것과 통하지 않는 것이 있어요.

가위나 알루미늄 포일, 알루미늄으로 만든 동전 등은 전기가 통해요. 종이나 유리, 플라스틱 등은 전기가 통하지 않죠.

이렇게 금속 물질은 전기가 통하지만 금속이 아닌 물질은 전기가 통하지 않는 성질이 있어요.

◀ **전기가 통하는 물질** ▶

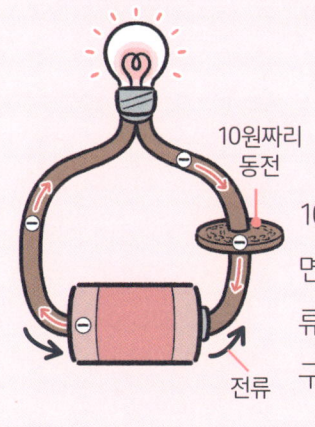

10원짜리 동전을 끼우면 전자가 이동해서 전류가 흐르기 때문에 전구에 불이 켜져요.

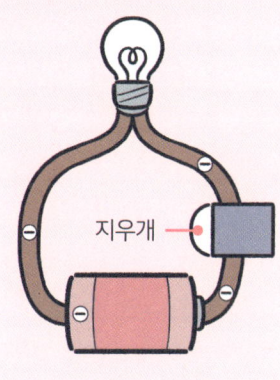

건전지와 전구 사이에 지우개를 끼우면 전자가 이동하지 못해 전류가 흐르지 않으므로 전구에 불이 켜지지 않아요.

전기가 통하는 물체

가위, 알루미늄 포일

전기가 통하지 않는 물체

책(종이), 유리, 플라스틱

물리

연결 방법에 따라 달라지는 전기의 힘

연결 방법에 따라 전구의 밝기가 달라진다고?

전기가 지나는 길을 회로라고 해요. 2개의 전구를 건전지와 연결하는 회로 연결 방식은 한 길로 연결하는 직렬연결과 두 길로 연결하는 병렬연결이 있어요.

직렬연결은 각각의 전구 밝기가 전구 1개일 때보다 어두워요. 그렇지만 건전지를 더 오래 쓸 수 있어요. 한편 병렬연결은 전구 밝기가 전구 1개일 때와 같아요. 그러나 건전지가 빨리 닳아요.

◀ 전구를 연결하는 방식 ▶

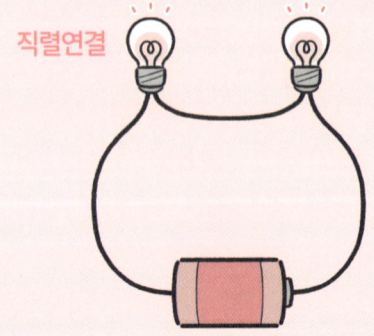

직렬연결

전기 회로가 한 길로 이어지는 연결. 전구 1개일 때보다 어둡게 빛나요.

병렬연결

전기 회로가 나뉘는 연결. 전구 1개일 때와 밝기는 같지만 건전지가 빨리 닳아요.

직렬연결은 전기가 지나는 길이 하나라 하나의 전구가 끊어지면 전기가 흐르지 못해서 다른 전구도 불이 꺼져.

건전지 연결 방식에 따라 전구 밝기가 달라진다고?

2개의 건전지를 연결하는 방식도 한 길로 연결하는 직렬연결과 두 길로 연결하는 병렬연결이 있어요. **직렬연결은 전기를 보내는 힘이 두 배가** 되기 때문에 건전지가 1개일 때보다 전구가 밝아요. 다만 건전지는 오래가지 않지요.

한편 **병렬연결은 전기를 보내는 힘이 1개일 때와 다르지 않아서** 전구의 밝기는 건전지가 1개일 때와 같아요. 대신 건전지의 개수가 늘어난 만큼 건전지가 오래가요.

우리 주변 전기 제품도 직렬연결과 병렬연결로 나뉘어요.

⑧ 자석과 전기의 세계

◀ 건전지를 연결하는 방식 ▶

직렬연결

전기가 한 길로 지나가는 연결 방식이에요. 전류가 커져서 건전지 1개일 때보다 전구가 밝지만 그만큼 건전지가 오래가지 않아요.

병렬연결

전기가 지나는 길이 나뉜 연결 방식이에요. 건전지가 1개일 때와 전구의 밝기는 다르지 않지만 건전지가 더 오래 가요.

우리 주변에서 찾아보자

건전지로 작동하는 도구는 무엇이 있을까요? 어떻게 연결되어 있는지 살펴봐요.

손전등 - 직렬연결　　리모컨 - 병렬연결

물리

전류를 흘려 넣으면 자석이 되는 전자석

전자석은 무엇일까?

도선에 전류를 흘려보내면 도선 주변에 자력이(→83쪽) 작용해요. 이러한 성질을 이용해 **전류가 흐를 때에만 자석이 되게 만들어진 도구를 전자석**이라고 해요.

전자석은 도선을 많이 감을수록 자력이 강해져 도선을 많이 감아서 만들어요. 이때 도선을 감은 전선을 코일이라고 불러요.

코일 안에 철을 넣으면 자력이 한층 강해져 전자석의 중심에는 철로 만든 심이 들어 있어요.

◀ 전자석의 성질 ▶

도선에 전류를 흘려보내면 도선 주변에 자력이 발생해 S극, N극을 띠는 자석이 돼요. 자력을 높이려면 코일을 많이 감거나 전지 개수를 늘려야 해요.

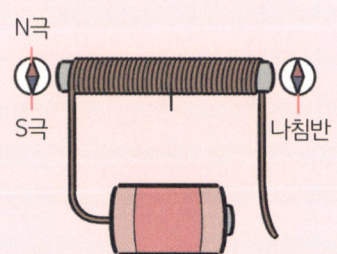

도선에 전류가 흐르지 않아 전자석이 될 수 없어요.

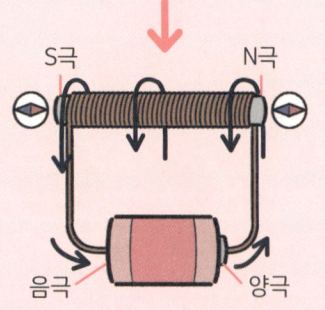

도선에 전류를 흘려보내면 전자석이 되어 나침반이 전자석의 S극, N극으로 이끌려요.

건전지의 양극과 음극을 바꿔서 연결하면 전류 방향과 전자석의 극도 반대가 돼요.

건전지의 양극과 음극을 바꿔 연결해서 전류의 방향을 바꾸면 전자석의 극도 바뀌어.

모터란 무엇일까?

<mark>모터는 전류를 흘려보내 코일(축)을 회전시켜서 무언가를 움직이는 도구예요.</mark>
모터는 대부분 코일과 자석으로 이루어져 있어요. 안에 있는 코일에 전류를 흘려보내면 코일이 전자석으로 변해요. 모터는 자석이 같은 극끼리는 밀어내고 다른 극끼리는 당기는 성질을 이용해서 돌아가지요.
<mark>모터는 우리 주변의 다양한 도구에 사용돼요.</mark> 청소기는 모터의 힘으로 먼지를 빨아들이고, 선풍기는 모터로 바람을 일으키지요.(→96쪽) 컴퓨터나 스마트폰 등의 전자기기 안에도 모터가 들어 있어요.

⑧ 자석과 전기의 세계

◀ 모터의 구조 ▶

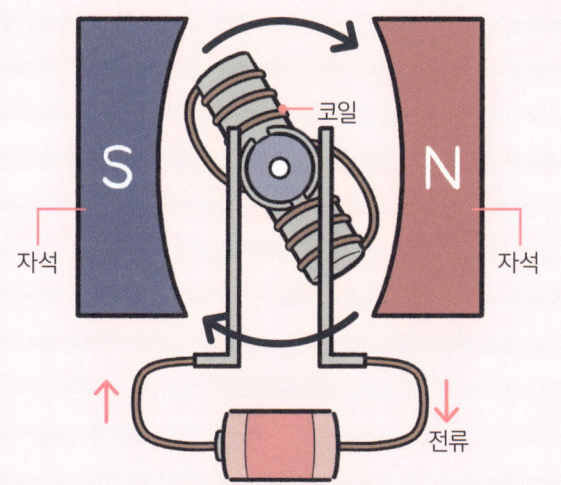

코일에 전류를 흘려보내면 자석이 돼요. 전류가 흐르는 동안 코일은 주위 자석을 끌어당기거나 밀어내면서 돌아가요. 회전 중에 전류를 막거나, 전류의 방향을 바꿔서 코일의 S극과 N극을 교체해 계속해서 회전시킬 수 있어요.

> 모터는 전류를 흘려보내서 축을 회전시키는 도구야. 반대로 모터를 손으로 회전시키면 전기가 생겨나.

모터에 날개를 달면 선풍기가 돼요.(→96쪽)

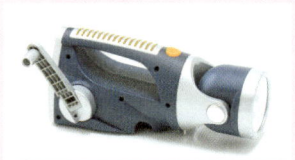

자가발전 손전등은 손잡이를 돌려 만든 전기로 불을 켜요.

물리

다양한 전기의 변화

전기는 어떻게 만들까?

모터는(→93쪽) 전류를 흘려보내서 축을 회전시키는 장치예요. **발전기는 힘을 가해 축을 회전시켜서 전기를 만드는 장치예요.** 발전기가 달린 자전거 조명도 있어요.

전기를 만드는 발전소에도 발전기가 있어요. 화력 발전소는 석탄 등을 태워서 높은 온도의 증기를 만들어요. 이 증기로 터빈이라는 커다란 회전 기관을 돌리고, 이때 발생하는 힘으로 발전기 안의 자석을 회전시켜서 전기를 만들어요.

◀ 화력 발전소의 발전기 ▶

연료를 통해 만든 열을 에너지 삼아 터빈을 회전시켜서 전기를 만들어 내요.

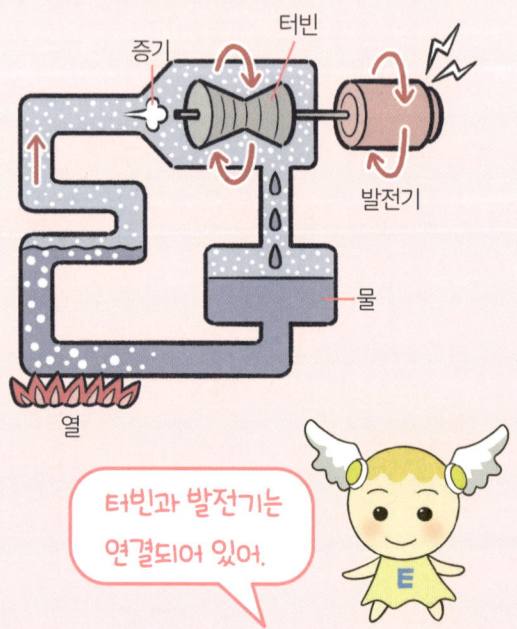

터빈과 발전기는 연결되어 있어.

◀ 자전거의 발전기 ▶

자전거 페달을 밟아 자석을 회전시켜서 전기를 만들어 조명을 밝혀요.

열과 빛으로 변하는 전기

전기는 열이나 빛으로 다양하게 변할 수 있어요. 그래서 발전소에서 만든 전기는 우리 주변에 있는 다양한 전기 제품에 사용돼요.

전기난로나 오븐형 토스터는 전류를 흘려보내 열을 만들어요. 전열선(전류가 흐르면 열이 발생하는 도선)을 이용해서 방을 따뜻하게 하거나 요리도 해요.

또한 형광등이나 LED 전구는 전기를 빛으로 바꿔요. 따라서 방을 밝히는 조명에도 전기가 널리 이용되지요.

◀ 전기를 열이나 빛으로 바꾸는 도구 ▶

열로 바꾸는 도구

전기난로나 토스터, 드라이어 등은 전기를 열로 바꾸는 전열선을 사용해요. 전열선이 굵으면 더 많은 열을 만들어 낼 수 있어요.

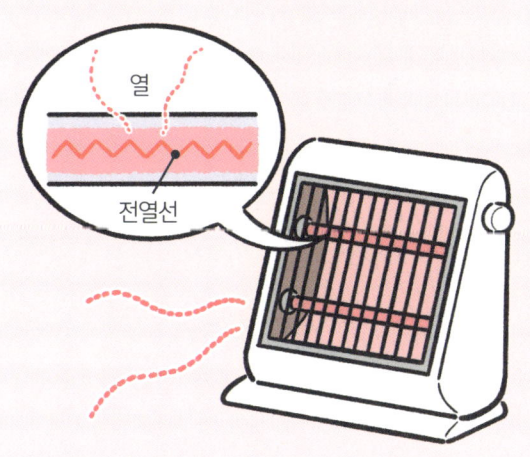

빛으로 바꾸는 도구

형광등이나 LED 전구 등은 전기를 빛으로 만들어요. 형광등은 필라멘트에서 만들어진 전자가 통 안에 있는 수은 원자와 부딪치면서 사람의 눈에는 보이지 않는 자외선이 나와요. 자외선이 통 안쪽에 칠해진 형광 도료와 부딪쳐 빨간색, 초록색, 파란색 빛으로 바뀌고, 이 빛들이 섞여서 하얀색으로 빛나요.

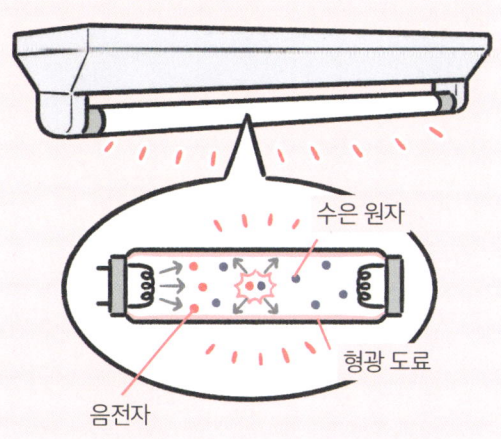

움직임이나 소리로 변하는 전기

전기는 빛이나 열 이외에 움직임이나 소리로도 변해요.
청소기나 세탁기, 선풍기 등은 전류로 회전하는 모터를(→93쪽) 이용한 전기 제품이에요.
청소기는 모터가 회전하며 공기의 흐름을 만들어서 먼지를 빨아들여요. 세탁기나 선풍기는 모터로 날개를 돌려서 물이나 공기를 움직이게 하지요.
한편, **스피커는 전류의 작용으로 코일을 전자석으로(→92쪽) 바꿔요.** 전자석과 그 주변 자석은 서로를 끌어당기거나 밀어내요. 이 작용이 스피커에 떨림으로 전달되고, 공기를 진동시켜서 소리를 내요.

◀ 전기를 움직임이나 소리로 바꾸는 도구 ▶

움직임으로 바꾸는 도구

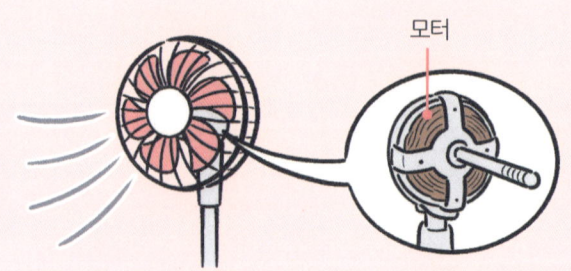

선풍기는 모터가 회전하며 생기는 힘으로 날개를 움직여 바람의 흐름을 만들어요. 청소기, 세탁기, 전기 자동차 등도 모터로 움직임을 만들어요.

소리로 바꾸는 도구

전류가 흐르면 스피커 안쪽의 코일이 전자석으로 변해 위아래로 진동해요. 이때 스피커 안쪽의 콘이라는 종이가 떨리면서 소리가 나요.

다양한 발전 방법

한국에서는 주로 화력 발전으로 전기를 얻지만 자연의 힘을 이용한 발전도 늘어나고 있어요. 예를 들어 물이 흐르는 힘으로 전기를 만드는 수력 발전, 바람의 힘으로 전기를 만드는 풍력 발전, 햇빛으로 발전하는 태양광 발전, 지하에 있는 증기나 뜨거운 물을 이용한 지열 발전 등이 있어요.

풍력 발전은 바람으로 날개를 회전시켜 전기를 만들어요.

좀 더 알고 싶어!

전기의 신비

전기에 대한 신비로운 사실을 살펴봐요!

⑧ 자석과 전기의 세계

 **번개도 전기일까?**

구름은 작은 물방울이나 얼음 알갱이로 이루어져 있어요.(→102쪽) 무더운 여름날 오후에는 지면 근처에서 따뜻해진 공기가 하늘로 올라가 적란운으로 변해요. 적란운은 높이 솟은 구름으로, 천둥 번개를 동반하기도 해요.

적란운 안쪽에서는 작은 얼음 알갱이가 서로 부딪쳐서 정전기가 생겨요. 가벼운 얼음 알갱이는 양전기를 띠며 구름 위쪽으로, 무거운 얼음 알갱이는 음전기를 띠며 구름 아래쪽으로 모이죠.

전기의 균형이 크게 무너지면 균형을 잡기 위해 구름과 구름 사이, 혹은 구름과 지면 사이의 공기 중으로 전기를 흘려보내요. 이게 바로 번개랍니다. 벼락은 구름과 지면 사이에서 일어난 번개를 말해요. 무척 큰 에너지가 작용하기 때문에 요란한 번갯불을 볼 수 있으며, 땅이 울리는 듯한 우르릉거리는 소리를 들을 수 있죠.

◀ **번개가 발생하는 원리** ▶

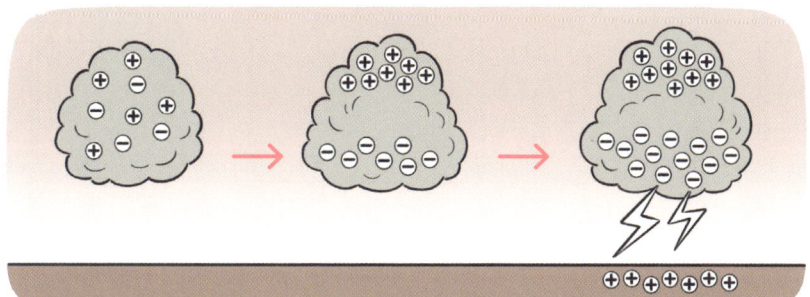

① 구름 안의 수많은 얼음 알갱이가 부딪쳐서 정전기가 일어나요.

② 양전기가 구름 위로, 음전기가 아래로 모여요.

③ 구름과 구름 사이, 혹은 구름과 지면 사이로 전기가 흘러 번개가 돼요.

풀어 보자! 퀴즈 ③ 물리에 대해 알아봐요!

빛이나 소리, 전기 등 힘의 성질을 이해했나 확인해 봐요!

Q1

빛의 성질에 대해 틀린 것은 무엇일까요?

① 곧게 나아가요.
② 무언가에 부딪치면 사라져요.
③ 공기 중에서 물속으로 들어가면 꺾여서 나아가요.

Q2

소리의 성질에 대해 옳은 것은 무엇일까요?

① 우주에서는 소리가 천천히 들려요.
② 철은 소리를 전달해요.
③ 물속에서는 물속에서 발생한 소리가 들리지 않아요.

Q3

균형이 맞는 지레는 무엇일까요?

추의 무게와 위치를 눈여겨보자!

Q4

자석에 붙는 것을 모두 고르세요.

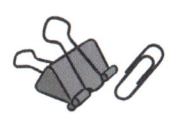
클립

철제 선반

알루미늄 포일

안전핀

연필

노트

Q5

전자석의 중심에 들어 있는 것은 무엇일까요?

① 소금물
② 철
③ 자석

Q6

전기가 통하는 것을 모두 고르세요.

플라스틱

가위

알루미늄 포일

책

유리

Q7

전기를 빛이나 열로 바꾸는 전기 제품은 무엇일까요?

① 선풍기
② 스피커
③ 형광등

정답

Q1 ② (빛은 무언가에 부딪히면 튕겨 나와요.) **Q2** ② **Q3** ②

Q4 클립, 철제 선반, 안전핀 **Q5** ②

Q6 가위, 알루미늄 포일 **Q7** ③

구름과 바람이 생기는 원리

구름은 어떻게 생길까?

공기는 따뜻해지면 부피가 커지고 밀도가 낮아지며 가벼워져요.(→47쪽) 구름이 생기는 이유는 이 성질과 관련이 있어요.

우리 주변에 있는 공기는 햇빛에 의해 따뜻해지면 위로 떠올라요. 높이 올라가면 온도가 낮아져 <mark>공기 중의 수증기는 작은 물방울이나 얼음 알갱이로 변해요. 구름은 이 알갱이로 이루어져 있어요.</mark> 알갱이가 서로 달라붙어서 커지면 비나 눈이 되어 땅으로 떨어져요.

① 수증기를 포함한 땅 근처의 공기가 햇빛에 의해 따뜻해져요.

② 따뜻해진 공기는 부피가 커지고 밀도가 낮아져 위로 올라가요.

③ 위로 올라간 공기 중의 수증기는 온도가 낮아지면 한데 모여 물방울이나 얼음 알갱이로 변해요. 이러한 알갱이가 모여서 구름이 생겨요.

구름이 생기는 과정

뭉실뭉실한 구름은 주로 500~1만 2,000 m 높이에서 생겨나요.

온도가 낮아져 수증기가 물방울이나 얼음 알갱이로 변해요.

공기 중의 수증기는 눈에 보이지 않아요.

왜 바람이 불까?

지구에는 산들바람부터 태풍까지 다양한 바람이 불어요. ==바람은 공기의 흐름으로, 기압이 높은 곳에서 낮은 곳으로 불어요.== 공기의 기압은 공기의 무게에 따른 압력을 말해요. 무게는 공기의 밀도에 따라 달라지므로 기압은 장소에 따라 달라져요.

주변보다 기압이 높은 곳을 고기압이라 불러요. 이곳은 주변보다 공기 밀도가 높아요. 반대로 주변보다 기압이 낮은 곳은 저기압으로 주변보다 공기 밀도가 낮지요. 공기는 밀도가 높은 곳에서 낮은 곳으로 움직여요. 이 공기의 흐름이 바로 바람으로, 기압의 차이가 클수록 바람은 강해져요.

◀ 공기의 움직임과 바람의 흐름 ▶

따뜻한 곳에서는 공기가 위로 올라가 기압이 낮아지고 주변에서 바람이 불어 들어와요. 이렇게 위로 올라가는 공기의 흐름을 상승기류라고 해요. 하늘로 올라간 공기는 온도가 낮아 무거워지고 지표를 향해서 내려와요. 이때 내려오는 공기의 흐름을 하강기류라고 부르며, 주변의 기압은 높아져요. 기압이 낮은 장소에서는 구름이 생기며, 기압이 높은 장소에서는 구름이 사라져요.

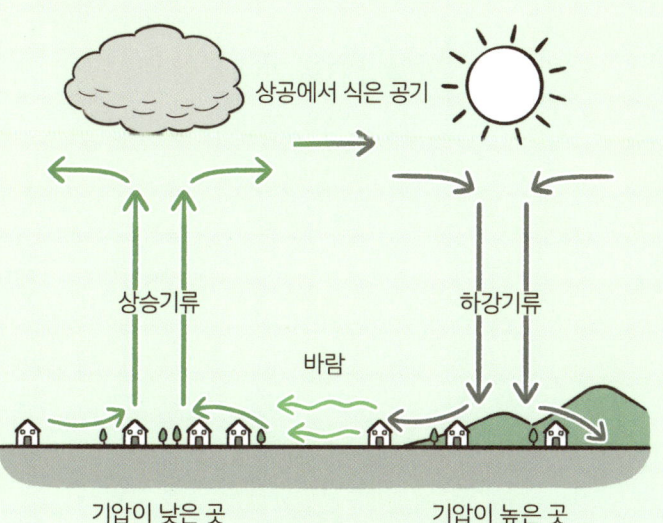

해풍과 육풍

바닷가 지역은 낮에는 바다에서 육지로, 밤에는 육지에서 바다로 바람이 불어요. 각각 해풍, 육풍이라고 하는데 육지가 바다보다 빨리 따뜻해지고 금방 식어서 발생해요.

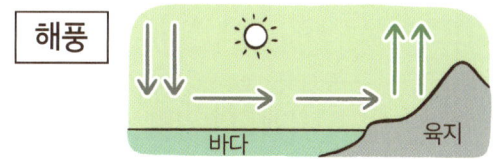

낮에는 태양에 의해 육지가 더 빨리 따뜻해지기 때문에 기압이 낮아져서 차가운 바다에서 육지로 바람이 불어요.

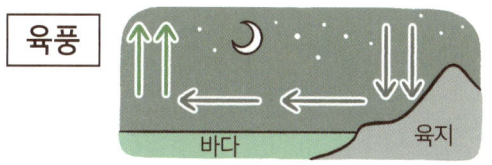

밤에는 바다가 육지보다 온도가 높고 기압이 낮기 때문에 육지에서 바다로 바람이 불어요.

동아시아의 기후

동아시아의 기후를 만드는 3개의 기단

기단은 넓은 지역에 퍼져 있는, 온도나 습도 등 성질이 비슷한 공기 덩어리예요. 기단은 형성된 지역에 따라 성질이 달라요. 동아시아 근처에는 크게 3개의 기단이 있어요. 이 기단이 어떻게 균형을 이루는지에 따라 동아시아의 기후가 달라져요.
예를 들어 겨울에는 건조하며 차가운 시베리아 기단이 강해져서 날이 추워요. 여름에는 습하고 따뜻한 북태평양 기단이 강해져서 날이 더워요.

◀ 동아시아의 기단 ▶

3개의 기단이 시기에 따라 강해지거나 약해지면서 그 계절의 날씨에 영향을 미쳐요.

양쯔강 기단은 우리나라의 봄, 가을에 영향을 미쳐요.

시베리아 기단
차갑고 건조한 기단.
겨울 날씨에 영향을 미쳐요.

오호츠크해 기단
차갑고 습한 기단.
장마나 가을비를 불러와요

북태평양 기단
온도가 높고 습한 기단.
여름 날씨에 영향을 미쳐요.

동아시아 날씨는 어떤 특징이 있을까?

동아시아는 여름과 겨울 날씨가 크게 달라요. 겨울에는 시베리아 기단의 영향으로 차가운 바람이 바다의 따뜻한 공기와 만나 일본의 서쪽 해안에 많은 눈이 내려요. 여름에는 북태평양 기단의 영향으로 온도가 높고 습한 바람이 불어오기 때문에 맑고 습하고 푹푹 찌는 더위가 찾아와요. 이러한 날씨 변화와 함께 겨울의 북풍이나 여름의 남풍 같은 계절 특유의 바람(계절풍)도 불어와요.
또한 중위도 지방에는 1년 내내 편서풍이라는 강한 서풍이 불고 있어요. 이 바람에 의해 공기가 서쪽에서 동쪽으로 이동하기 때문에 날씨는 주로 서쪽에서 동쪽으로 변해요.

⑨ 날씨의 변화

◀ 동아시아 날씨의 특징 ▶

겨울 날씨

북서쪽에서 불어오는 차가운 바람이 바다의 따뜻한 공기와 만나 수증기를 많이 갖고 산맥에 부딪히면서 일본 서쪽 해안에 많은 눈을 뿌려요. 눈을 뿌린 바람은 건조하게 변해 태평양 쪽으로 불기 때문에 태평양 쪽은 건조하고 맑은 날씨가 이어져요. 우리나라도 같은 원리로 서해 쪽에 눈이 많이 내린답니다.

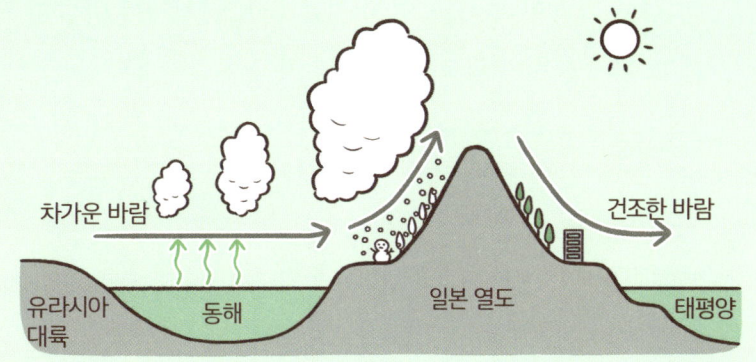

여름 날씨

6월 하순부터 7월 중순 무렵은 북태평양 기단과 오호츠크해 기단이 부딪쳐요. 차가운 공기와 따뜻한 공기가 부딪치는 장소에서는 비가 내리기 쉬워요. 비가 한참 내리고 난 뒤 북태평양 기단이 뒤덮어 날씨가 맑은 날이 많아져요.

강한 비바람을 불러오는 태풍

태풍은 어떻게 생겨날까?

태풍은 적도 부근 바다에서 생겨요. 바닷물이 햇빛 때문에 따뜻해져서, 그 바닷물이 증발하여 생긴 수증기도 따뜻해요. 그 공기가 위로 올라가면 저기압 중심으로 구름이 생겨요. 특히 **따뜻한 바다에서 계속 수증기를 공급받아서 큰 구름을 형성해 많은 비를 뿌려요. 동시에 기압 차이도 크기 때문에 무척 강한 바람이 불지요. 이 저기압 중심 근처에서 바람이 초속˚ 17 m를 넘어서는 바람을 태풍이라고 해요.** 태풍은 발생과 이동을 통해 지구의 열에너지 불균형을 조절해요.

초속 1초 동안 나아갈 수 있는 거리.

태풍의 구조

적도 부근 바다에서 생겨난 저기압은 회전해서 공기를 빨아올리며 크게 발달해요. 이윽고 넓은 범위에 세찬 비를 뿌리고 동시에 밖에서는 강한 바람이 흘러들게 돼요.

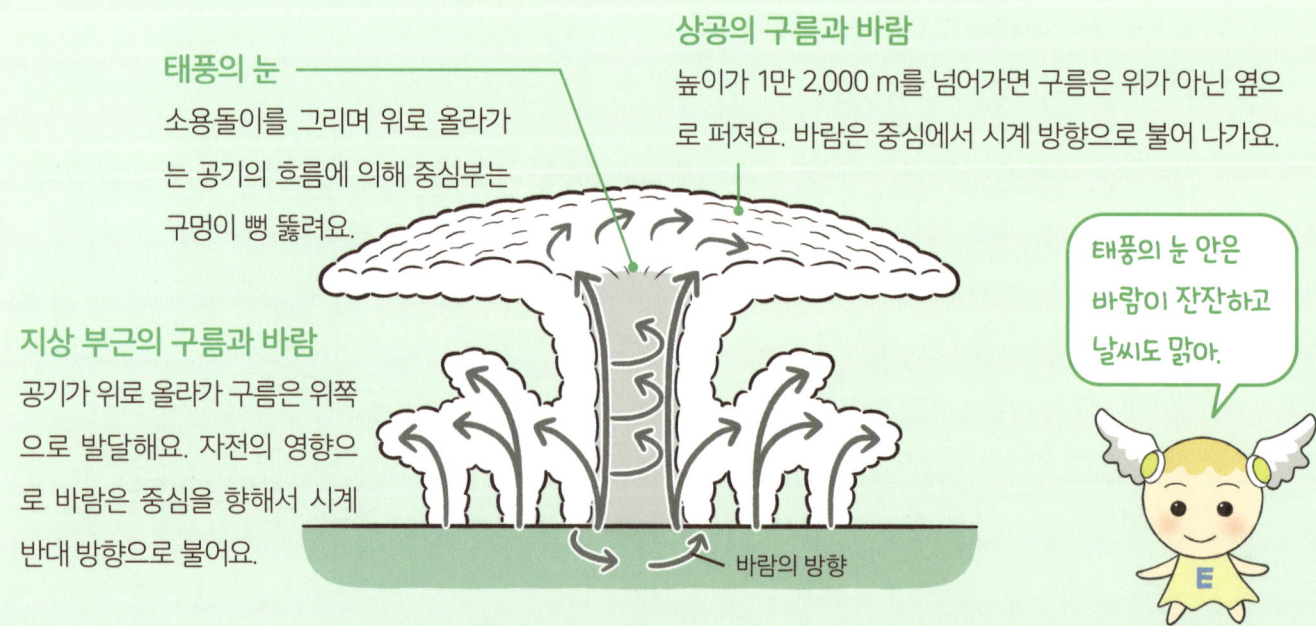

태풍의 눈
소용돌이를 그리며 위로 올라가는 공기의 흐름에 의해 중심부는 구멍이 뻥 뚫려요.

상공의 구름과 바람
높이가 1만 2,000 m를 넘어가면 구름은 위가 아닌 옆으로 퍼져요. 바람은 중심에서 시계 방향으로 불어 나가요.

지상 부근의 구름과 바람
공기가 위로 올라가 구름은 위쪽으로 발달해요. 자전의 영향으로 바람은 중심을 향해서 시계 반대 방향으로 불어요.

바람의 방향

태풍의 눈 안은 바람이 잔잔하고 날씨도 맑아.

태풍은 왜 여름이나 가을에 올까요?

태풍은 스스로 움직이지 못해서 태평양 위에 있는 기압이 높은 장소(태평양 고기압)에서 부는 바람을 타고 북쪽으로 이동한 뒤, 편서풍을(→105쪽) 타고 동쪽으로 향하는 성질이 있어요.

7월~10월까지 태평양 고기압(북태평양 기단은 그 일부)이 접근해요. 이 바람을 타고 태풍이 오기 쉬워요.
한편, 겨울이나 봄에는 태풍이 발생하기 어렵고, 대부분 태평양 고기압이 멀리 떨어져 있어 태풍이 오는 경우가 거의 없어요.

◀ 태풍이 부는 방향 ▶

적도 부근 바다 위에서 생겨난 저기압이 태풍으로 발달하면 태평양 고기압에서 부는 바람을 타고 한반도 근처까지 와요. 7월~10월 중 한국에 상륙하는 태풍이 많아요.

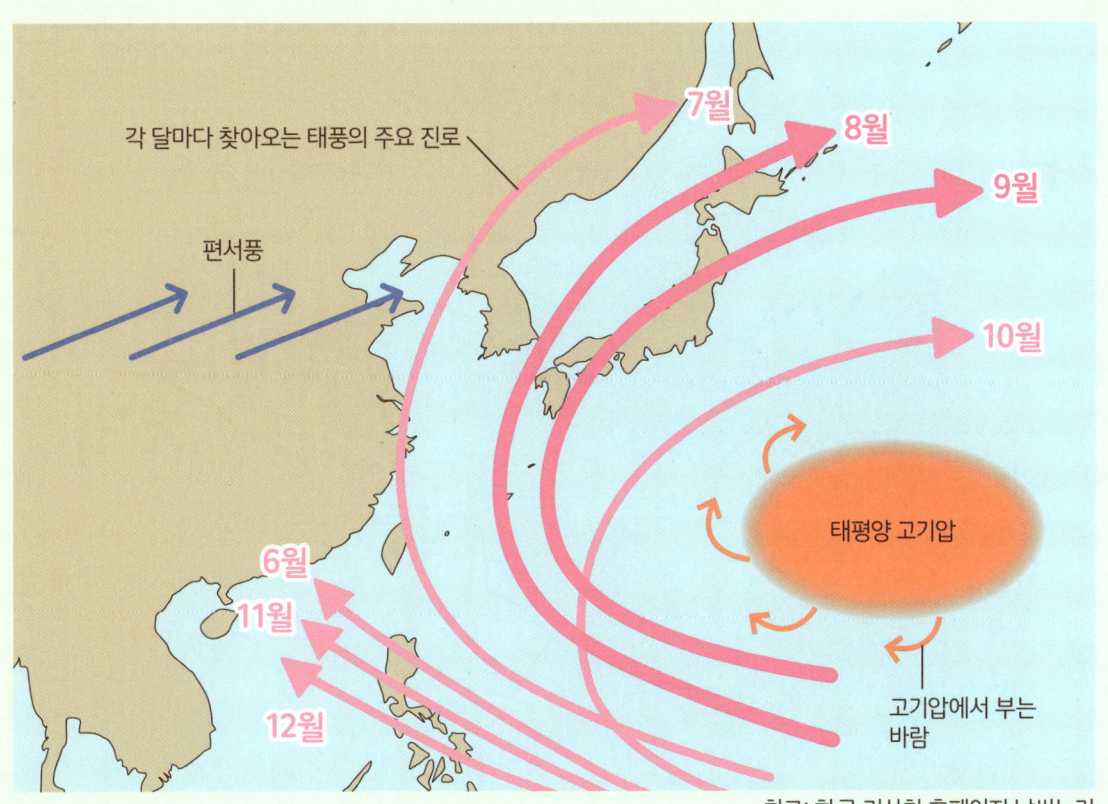

참고: 한국 기상청 홈페이지 날씨누리

⑨ 날씨의 변화

지구 우주

물의 흐름이 만든 지형

평야는 어떻게 해서 생길까?

침식은 산속같이 강물의 흐름이 거센 곳에서 흙이나 모래를 깎아 내는 거예요. 그렇게 깎은 흙을 하류로 흘려보내는 걸 운반이라고 해요. 강물의 흐름이 느린 하류 주변에 운반된 흙과 모래가 주변에 쌓이는 건 퇴적이지요.
평야는 이런 강물의 흐름에 의해 강의 하류 부근에 흙과 모래가 쌓이면서 만들어져요. 그 외에 산과 평야의 경계에 부채꼴로 펼쳐진 선상지, 하구 부근에서 볼 수 있는 삼각주 등 역시 흐르는 물의 작용으로 생겨난 지형이에요.

◀ 강이 만들어 내는 지형 ▶

강물에 의해 운반된 흙과 모래가 퇴적되면서 강의 중류에는 선상지가, 하류에는 평야나 삼각주가 만들어져요.

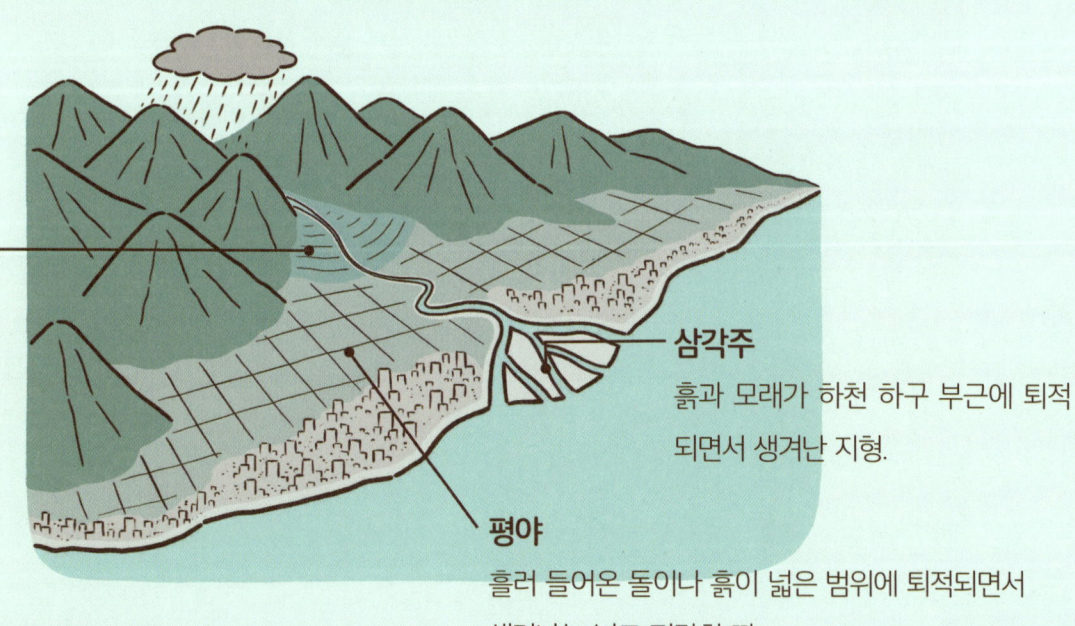

선상지
강이 산에서 평야로 내려오는 장소에 생겨나는 부채꼴 지형. 대부분 자갈층이라 물이 지하로 스며들어요.

삼각주
흙과 모래가 하천 하구 부근에 퇴적되면서 생겨난 지형.

평야
흘러 들어온 돌이나 흙이 넓은 범위에 퇴적되면서 생겨나는 넓고 평탄한 땅.

흙과 모래가 쌓여서 생겨나는 지층

산이나 강기슭, 해안 등의 절벽 표면을 살펴보면 줄무늬가 보일 때가 있어요. **지층**은 땅에 있는 흙과 모래가 침식되어 흘러가다 쌓인 퇴적물이 굳은 층이에요. 화산이 폭발하면서 불어온 화산재 따위가 쌓여서 생기기도 해요.

지층에는 각기 알갱이 크기가 다른 자갈, 모래, 진흙이 있어요. 해수면 높낮이에 따라 쌓이는 흙과 모래 알갱이의 크기가 달라지기 때문에 지층을 통해서 해안선의 변화를 알 수 있어요.

◀ 바다의 지층이 생겨나는 방식 ▶

보통 해안과 가까운 장소부터 순서대로 자갈→모래→진흙이 쌓여요. 해수면이 높아지거나 낮아지면 흙과 모래가 쌓이는 장소가 달라지고, 쌓이는 알갱이의 크기도 달라져요. 아래 층일수록 오래된 지층이에요. 자연적으로 쌓인 각각의 층은 대개 평행하지만, 땅의 움직임으로 휘어지거나(습곡), 어긋나는(단층) 경우도 있어요.

일본 지바현 뵤부가우라에 있는 수평으로 쌓인 지층.

일본 기후현 긴카산에 있는 습곡 지층.

일본 가나가와현 조가시마에 있는 단층 지층.

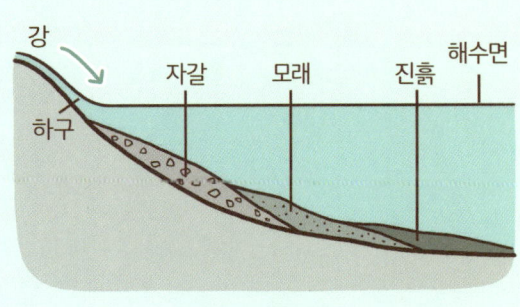

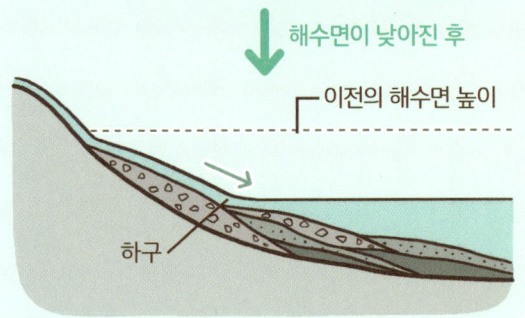

지구·우주

대지의 움직임이 일으키는 지진

대륙이 움직인다고?

지구의 표면은 지각이라는 단단한 바위로 뒤덮여 있어요. 그 아래에는 지구 내부에서 가장 두꺼운 층인 맨틀이 천천히 흐르고 있어요. 지구의 표면은 지각과 맨틀 상부를 합친 10여 장의 판으로 뒤덮여 있어요. 이 판은 해마다 수 cm씩 움직여 판 위의 대륙 역시 조금씩 이동해요. 일본은 네 장의 판이 겹쳐진 위치에 있고 조금씩 움직여요.

◀ 지구의 구조 ▶

판은 지각과 맨틀 상부를 합친 부분으로, 두께가 100 km 정도예요. 10여 장의 판이 겹쳐 있어요.

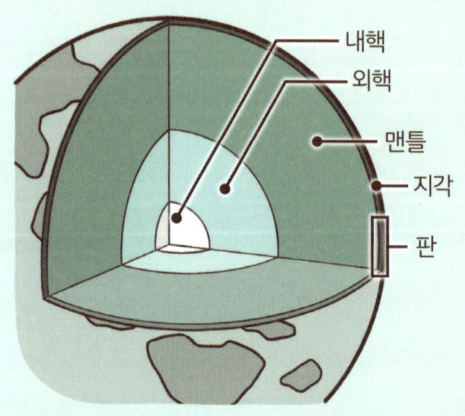

◀ 일본 부근의 판 ▶

우리나라는 유라시아판 내부에 있어 우리나라에서 일어나는 지진은 판구조론으로 설명할 수 없어요. 그러나 일본의 영향을 받아 지진이 일어나기도 해요. 일본은 유라시아판, 북아메리카판, 태평양판, 필리핀해판이 만나요. 대륙 쪽에 있는 판을 대륙판, 바다 쪽에 있는 판을 해양판이라 부르며, 2장의 해양판은 움직이는 방향이 정해져 있어요.

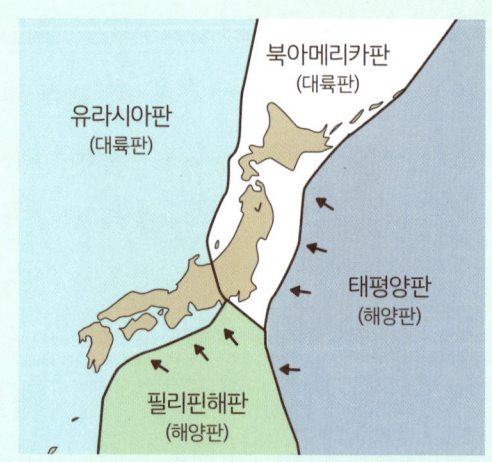

지진은 왜 일어날까?

4개의 판이 만나는 이웃 나라 일본은 지진이 자주 일어나요. 한국도 그 영향을 받지요. 일본 부근에 자리한 판의 경계면에서는 해양판이 대륙판 아래로 파고들고 있으며, 위쪽의 대륙판에서는 조금씩 뒤틀림이 생기고 있어요. 이 뒤틀림이 쌓이고 쌓여 한계에 도달하면 원래대로 돌아가기 위해 판이 급격하게 움직이면서 지진이 일어나요. 이를 판경계형 지진이라고 해요. 2011년 일본에서 발생한 동일본 대지진이 이 유형에 속해요. 또한 판의 뒤틀림으로 지표 근처에 작은 금(단층)이 생겨 지진이 일어나기도 해요. 이러한 지진을 내륙형 지진(혹은 직하형 지진)이라고 해요. 1995년에 일본에서 일어난 효고현 남부 지진(한신·아와지 대지진)은 이 유형에 속해요.
2016년 경주에서 발생한 지진과 2017년 포항에서 발생한 지진이 내륙형 지진이에요.

◀ 지진이 일어나는 방식 ▶

판경계형 지진

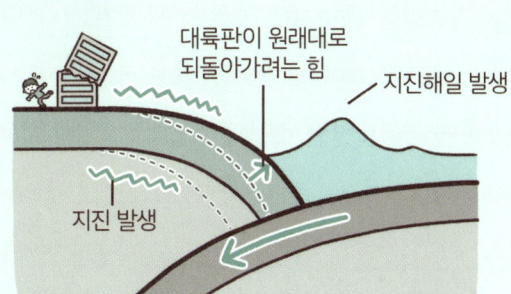

해양판이 가라앉으며 대륙판 일부가 뒤틀려요.

대륙판이 원래의 형태로 되돌아갈 때, 판의 경계 부근에서 판경계형 지진이 일어나요.

진도와 매그니튜드

진도, 매그니튜드 모두 지진의 크기를 나타내는 수치예요. 한국은 수정 메르칼리 진도 계급을 사용해 1~12단계까지 있어요. 한편 매그니튜드는 지진 에너지의 크기를 나타낸 수치로, 1이 늘어나면 에너지의 양은 32배가 돼요. 동일한 깊이라면 매그니튜드가 클수록 넓은 범위가 흔들려요.

내륙형 지진

해양판이 대륙판 밑으로 가라앉을 때 가해진 힘으로 대륙판에 있는 단층이 어긋나면서 내륙형 지진이 일어나요.

좀 더 알고 싶어! 지구의 신비

지구에는 우리가 몰랐던 신비로운 일이 가득해요.

 **산은 어떻게 생겨났을까?**

산이 만들어지는 방식은 다양하지만 대표적으로 두 가지가 있어요.

하나는 화산 분화로 인해 분출된 바위나 화산재 등이 쌓여서 산이 되는 방식이에요. 예를 들면 한국의 한라산과 일본의 후지산이 있어요.

다른 하나는 지구의 표면을 뒤덮은 판의 움직임 등에 의해 지층이 솟아올라 휘어지면서 생겨나는 습곡 방식이에요. 일본의 북알프스나 남알프스 등의 산맥이나 세계에서 가장 높은 산인 에베레스트산은 이렇게 생겨났어요.

그렇게 생긴 산은 모습을 그대로 유지하지는 않아요. 또다시 화산이 분화하거나 비바람에 의해 침식되면서(→108쪽) 다양한 모습으로 변해 가지요.

◀ **산이 만들어지는 대표적인 방식** ▶

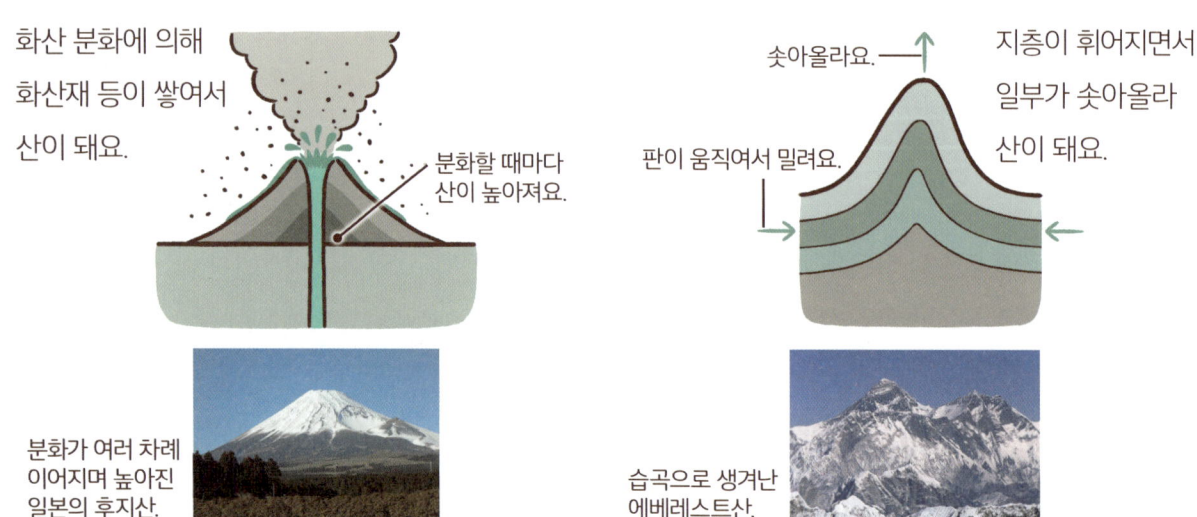

화산 분화에 의해 화산재 등이 쌓여서 산이 돼요.
분화할 때마다 산이 높아져요.
분화가 여러 차례 이어지며 높아진 일본의 후지산.

솟아올라요.
지층이 휘어지면서 일부가 솟아올라 산이 돼요.
판이 움직여서 밀려요.
습곡으로 생겨난 에베레스트산.

Q 지진해일은 파도와 어떻게 다를까?

평범한 파도와 지진해일은 모두 해수면이 솟아올라서 생겨난다는 점은 같지만 생겨나는 방식이나 성질은 전혀 달라요.

파도는 바람 등으로 해수면 부근의 물이 흔들리면서 생겨요. 파도와 파도 사이의 간격이 수 m~수백 m로 좁으며, 육지로 밀려오더라도 금세 물러나기 때문에 들이닥치는 물의 양은 그다지 많지 않아요.

한편 지진해일은 지진으로 해저가 움직여 바다 밑바닥부터 해수면까지의 물이 한꺼번에 밀려들면서 생겨요. 파도와 파도 사이의 간격이 수 km~수백 km 이상으로 무척이나 넓어서 물이 들어오고 빠지는 시간이 평범한 파도보다 길고, 빠질 때도 강한 힘으로 오랫동안 계속해서 끌어당겨요. 들이닥치는 물의 양은 평범한 파도와는 비교조차 되지 않을 정도로 많아요. 또한 얕은 곳에서는 파도가 높아지고 뒤에서는 밀려든 물이 빠져나갈 곳이 없어져서 물이 높은 곳까지 차올라요.

◀ 평범한 파도와 지진해일 ▶

지진해일은 밀어닥치는 물의 양이 많은 데다 높은 곳까지 물이 엄청 빠른 속도로 들이닥치기 때문에 피해가 커요.

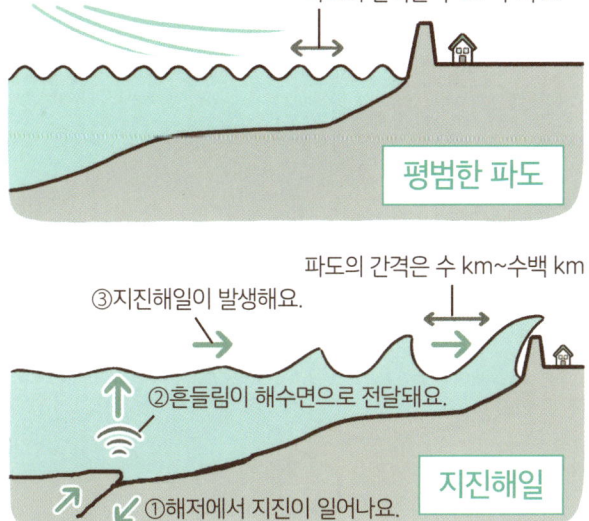

⑩ 지구와 우주

지구는 돈다

지구·우주

왜 낮과 밤이 있을까?

동그란 공의 한쪽 면에 빛을 비춰 봅시다. 절반은 빛을 받아 밝고 절반은 빛이 들지 않아 어두워요. 지구의 낮과 밤도 이 원리로 생겨요.

지구는 자전축을 중심으로 하루에 한 바퀴씩 서쪽에서 동쪽으로 회전하는데, 이를 자전이라고 해요. ==자전을 통해 지구 곳곳에서는 하루의 절반은 태양 빛을 받는 시간과 아닌 시간이 생겨 낮과 밤이 있는 거예요.==

◀ 낮과 밤이 생기는 원리 ▶

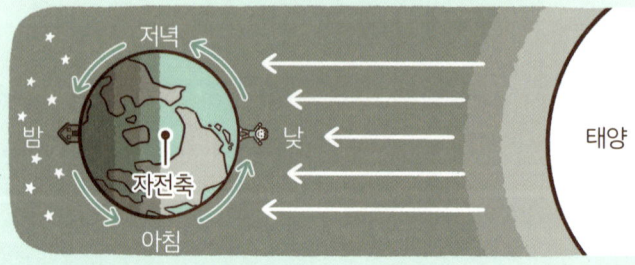

◀ 태양의 위치로 알 수 있는 방위 ▶

우리나라가 있는 북반구는, 태양이 동쪽에서 떠서 남쪽을 지나 서쪽으로 져요.

태양은 지구를 비추고 있어요. 지구는 자전해서 햇빛이 들지 않는 밤에서 햇빛이 드는 아침이 되고, 다시 해가 들지 않는 위치로 이동할 때 저녁에서 밤이 돼요.

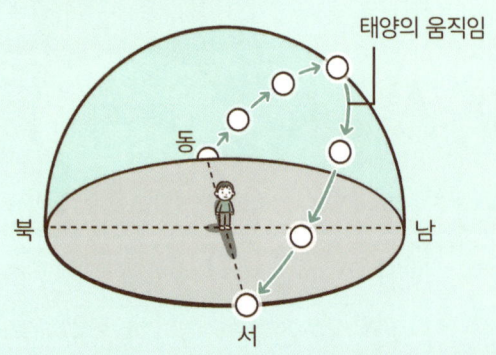

태양이나 달이 동쪽에서 뜨고 서쪽에서 지는 건 지구가 서쪽에서 동쪽을 향해 자전하기 때문이야.

왜 사계절이 생겼을까?

지구가 태양을 중심으로 일 년에 한 바퀴씩 서쪽에서 동쪽으로 회전하는 것을 공전이라고 해요. 시계 반대 방향으로 돌지요. 자전축이 약 23도 기울어져 있어 지구는 거의 모든 곳에서 계절에 따라 태양빛을 받는 각도가 다르고, 낮의 길이가 변해요.

여름은 사계절 중 낮이 가장 길어요. 태양이 높이 떠 있어 땅에 햇빛이 수직으로 날아들지요. 그래서 땅이 더 쉽게 따뜻해져서 기온이 높아져요. 한편, 겨울은 낮이 가장 짧아요. 태양이 낮게 있어 햇빛이 비스듬히 날아들어 기온이 낮아져요. 봄과 가을은 여름과 겨울의 중간으로, 낮과 밤의 길이가 거의 같아요.

계절이 생겨나는 원리

자전축의 기울기로 인해 햇빛을 받는 양이 달라져서 계절이 생겨요. 우리나라가 있는 북반구와 오스트레일리아가 있는 남반구는 햇빛이 반대로 날아들어서 계절도 반대예요.

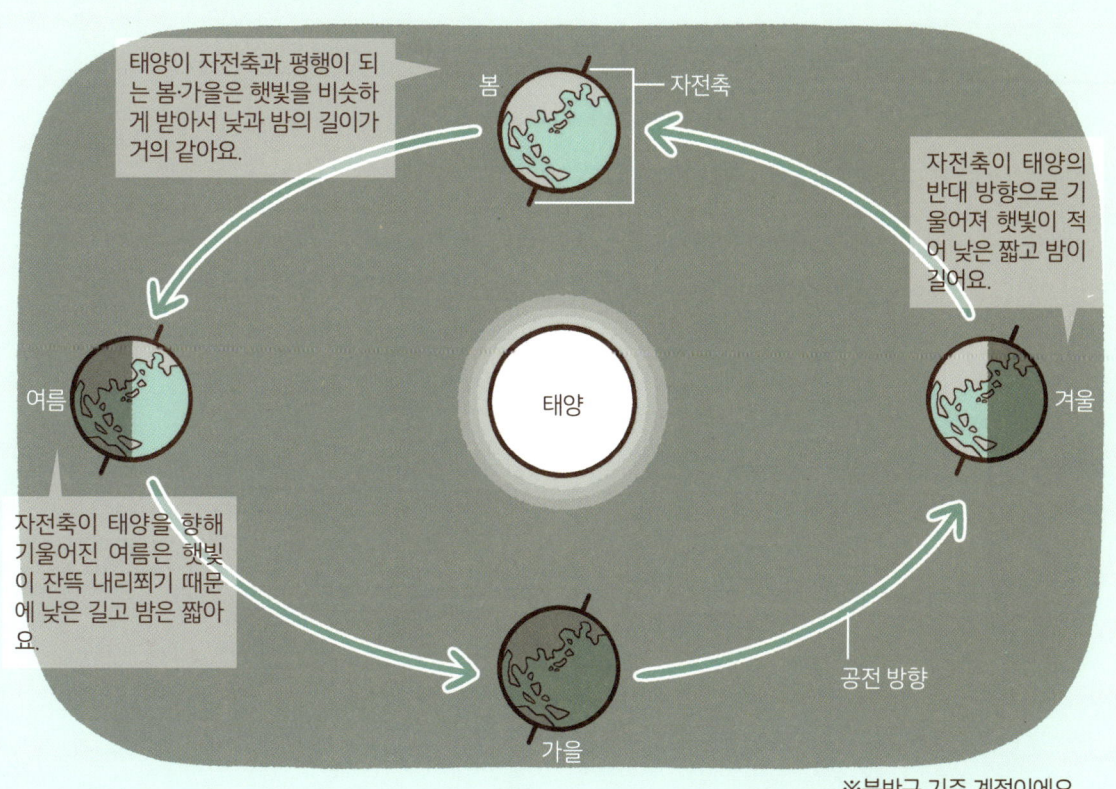

※북반구 기준 계절이에요.

지구·우주

달의 위상 변화와 일식·월식

달은 왜 모양이 변할까?

달은 스스로 빛을 내지 못하고 햇빛을 반사해 밝게 보여요. 태양이 닿지 않는 부분은 어둡지요. 달은 약 27일에 걸쳐서 지구 주변을 한 바퀴 돌아요. **태양과 지구, 달의 위치가 달라지면 태양을 반사해서 빛나는 부분이 변하기 때문에 우리 눈에는 초승달이나 반달 등 다양한 모습으로 보여요.** 이처럼 달의 모양이 변하는 현상을 달의 위상 변화라고 해요.

◀ 달의 위상 변화 ▶

지구에서 보이는 달의 모양은 달과 태양의 위치에 따라 달라져요. 신월은 지구에서 보이는 면이 모두 그림자를 이루며 거의 보이지 않아요. 보름달은 보이는 모든 면이 빛을 받는 상태예요.

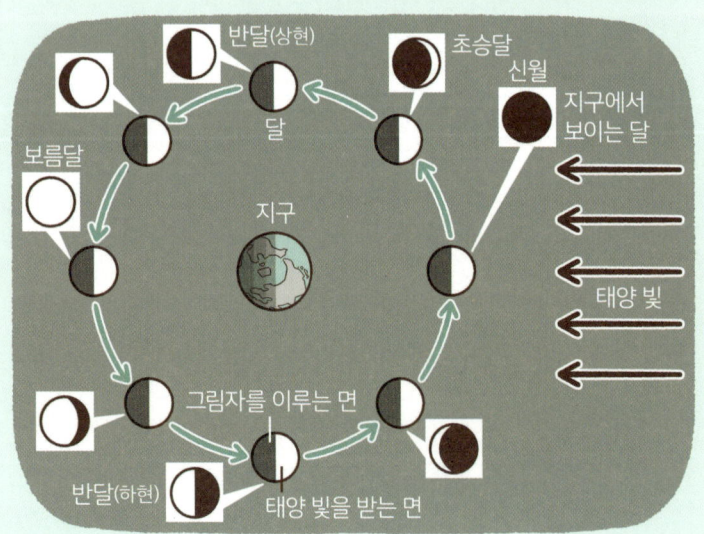

태양은 지구의 100배가 넘는 크기지만 달은 지구의 약 4분의 1밖에 되지 않아.

태양이 가려지는 경우도 있을까?

지구는 태양을, 달은 지구를 각각 다른 속도로 공전해요. 따라서 태양과 달, 지구가 일직선에 놓일 때가 생겨요. 이때 태양→달→지구 순으로 세워 놓으면 지구에서는 태양이 가려져 보여요. 이 현상을 일식이라고 불러요. 태양→지구→달의 순으로 세워 놓으면 달이 지구의 그림자로 들어가 어두워져요. 이 현상은 월식이라고 해요.

그러면 신월일 때는 반드시 일식이, 보름달일 때는 반드시 월식이 될 것 같지요? 하지만 지구와 달은 살짝 기울어진 상태로 공전하기 때문에 대부분 태양, 지구, 달이 완전한 일직선을 이룰 수 없어 일식이나 월식은 아주 드물게 일어나요.

▶ 일식과 월식의 원리 ◀

일식

달이 태양을 가리면서 일어나요. 태양이 완전히 가려지는 일식을 개기일식, 일부가 가려지는 일식을 부분일식이라고 해요. 개기일식은 지름 250 km 정도의 한정된 범위에서만 볼 수 있어요.

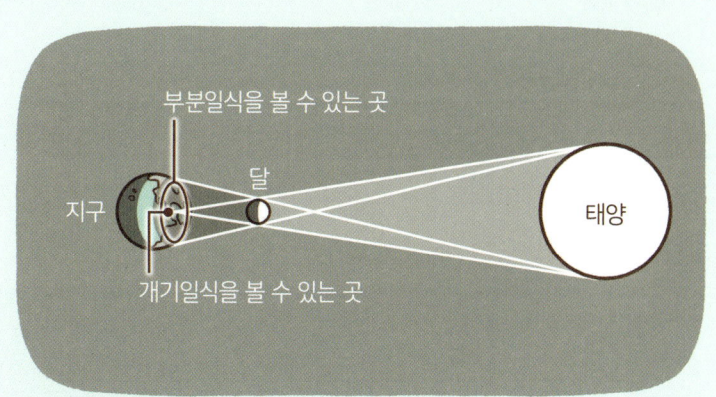

월식

월식은 달이 지구의 그림자 안으로 들어가면서 일어나요. 달이 완전히 가려지는 월식을 개기월식, 일부가 가려지는 월식을 부분월식이라고 해요. 월식은 보름달일 때 일어나요.

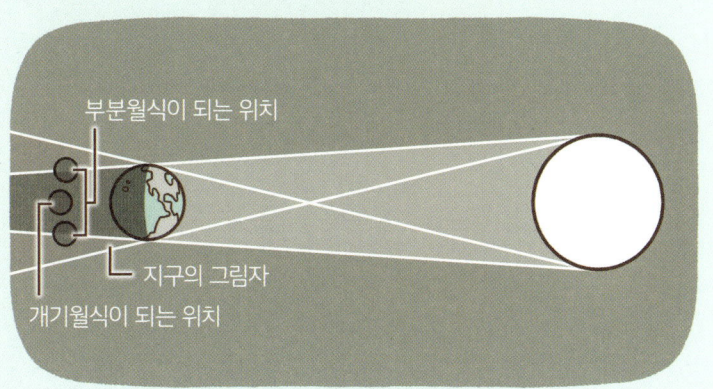

태양계와 우리은하

금성은 왜 밤하늘에서 가장 밝게 빛날까?

금성은 지구처럼 태양 주변을 도는 행성으로, 태양에 의해 빛나요. 지구와 거리가 가까워서 밤하늘에서 유독 밝게 빛나는 행성이에요.

태양과 태양의 영향이 미치는 공간과 그 공간에 있는 천체를 태양계라고 해요. 태양계에서 가장 먼 행성인 해왕성과 태양은 약 45억 km나 떨어져 있어요. 태양처럼 스스로 빛나는 천체를 별이라고 해요. 가장 가까운 별은 태양과 해왕성의 거리보다 9,000배 이상 떨어져 있지요.

◀ 태양계 ▶

태양계에는 태양과 8개의 행성인 수성, 금성, 지구, 화성, 목성, 토성, 천왕성, 해왕성이 있어요. 행성은 지구처럼 태양 주위를 도는 둥근 천체예요.

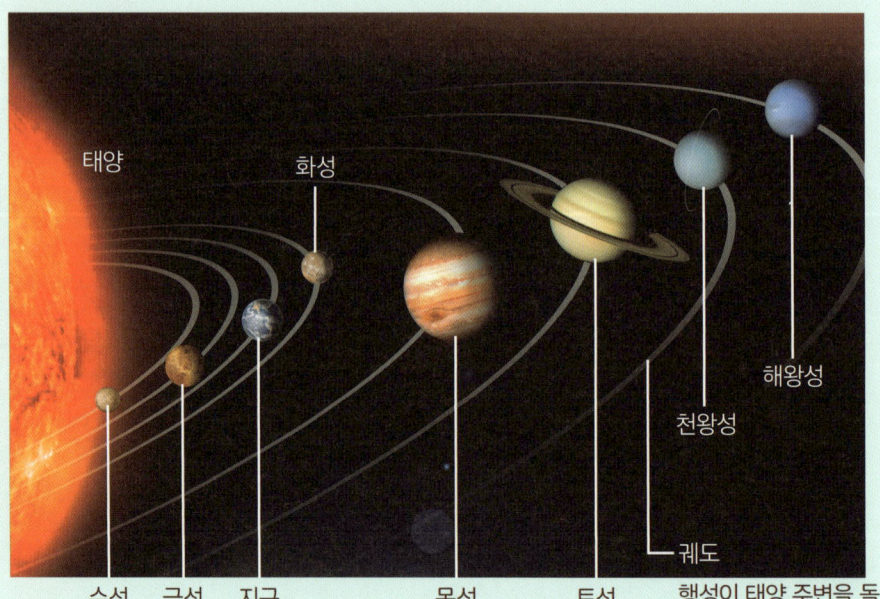

은하수란 무엇일까?

여름에 밤하늘을 올려다보면 하얀 띠 같은 것이 보여요. 이 띠는 별들이 강처럼 보여 은하수라고 불러요. 수많은 별이 모인 곳을 은하라고 해요. 태양계를 포함하는 은하를 우리은하(은하계)라고 부르며, 우리은하의 중심 부근에는 많은 별이 모여 있어요. 태양계에서 우리은하 중심 부근을 보면 하얀 띠처럼 보여요. 즉, 우리가 보는 은하수는 우리은하를 옆에서 본 모습인 셈이에요.
우리나라가 자리한 북반구는 여름에 지구의 어두운 부분이 우리은하의 중심 쪽을 향해서 1년 중 가장 은하수를 보기 쉬워요.

◀ 우리은하의 모습 ▶

우리은하의 지름은 빛의 속도(초속 30만 km)로 약 10만 년 걸리는 거리(약 10만 광년)라고 해요. 우리은하는 위에서 보면 소용돌이 모양, 옆에서 보면 한 가운데가 부푼 원반 같아요. 우리은하 안에 태양계가 있어 지구 역시 우리은하에 속해요.

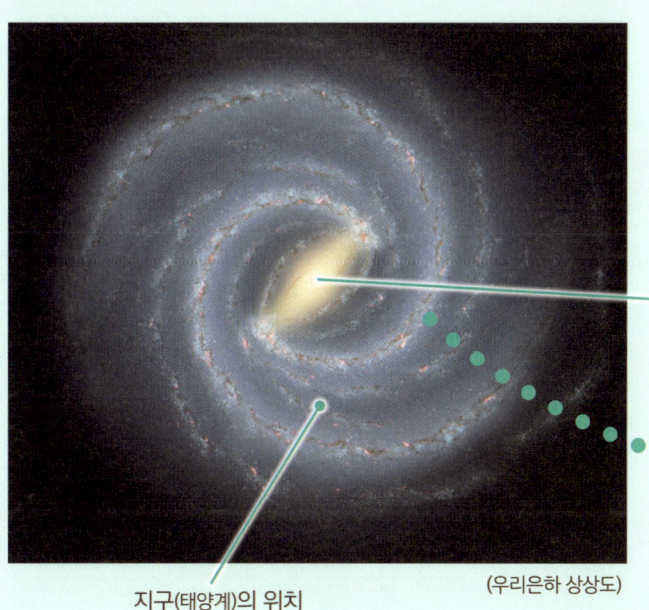

지구(태양계)의 위치 (우리은하 상상도)

우리은하에는 약 2000억 개나 되는 천체가 있다고 해.

중심부로 향할수록 많은 별이 모여 있어요.

지구에서 본 우리은하

풀어 보자! 퀴즈 ④ 지구와 우주에 대해 알아봐요!

우리가 살고 있는 지구에 대해 얼마나 알고 있을까요?

Q1
주변보다 기압이 높은 장소의 특징이 아닌 것은 무엇일까요?

① 날씨가 맑아요.
② 위로 향하는 기류가 생겨요.
③ 공기의 농도가 주변보다 진해요.

Q2
우리나라의 여름 무더위에 영향을 주는 기단은 무엇일까요?

① 시베리아 기단
② 오호츠크해 기단
③ 북태평양 기단

남쪽에서 오는 기단이야!

Q3
태풍의 중심에 있는 '태풍의 눈' 안은 어떤 모습일까요?

① 구멍이 뚫려 있어서 맑은 하늘이 보여요.
② 세찬 바람이 불고 강한 비가 내려요.
③ 두꺼운 구름이 모여 있어요.

Q4
강이 만드는 지형 중 주로 중류에서 생기는 것은 무엇일까요?

① 선상지
② 평야
③ 삼각주

Q5
지구의 구조에 대한 설명에서 (　　)를 채워 보세요.

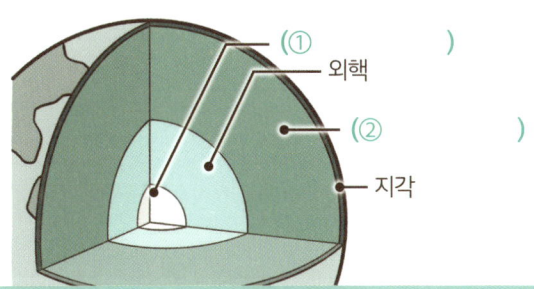

(① 　　　)
외핵
(② 　　　)
지각

Q6
지구의 자전축은 공전면에 대해 몇 도 기울어져 있을까요?

① 약 23도
② 약 45도
③ 약 90도

Q7
월식이 생길 때 달의 위치는 무엇일까요?

① 달-지구-태양
② 지구-달-태양
③ 달-태양-지구

Q8
태양계에서 지구와 가장 멀리 떨어진 행성은 무엇일까요?

① 금성
② 토성
③ 해왕성

정답
Q1 ② (기압이 높은 장소에서는 하강기류가 생겨요.)
Q2 ③ (북태평양 기단은 따뜻하고 습한 기단으로, 여름 날씨에 영향을 미쳐요.)
Q3 ① ('태풍의 눈'은 태풍에 생긴 구멍으로, 날씨가 맑으며 바람도 거의 불지 않아요.)
Q4 ①　　Q5 ① 내핵　② 맨틀
Q6 ① (자전축이 기울어졌기 때문에 햇빛이 날아드는 각도가 달라져서 계절이 생겨요.)
Q7 ①　　Q8 ③

생물을 이용한 기술, 생명공학기술

생명공학기술

생명공학기술은 무엇일까?

사람은 채소나 과일, 쌀을 다른 품종과 교배해 키우기 쉽고 먹기 좋게 개량했어요. 생명공학기술은 급속도로 발전해서, 지금은 세포 안에 있는 유전자(몸의 특성을 전달하기 위한 물질)를 재조합해 뛰어난 성질을 가진 생물을 만들어 내는 기술도 실용화되었어요.

◀ 과거의 생명공학기술 ▶

발효시켜서 치즈나 술, 된장, 간장 등을 만들어요.

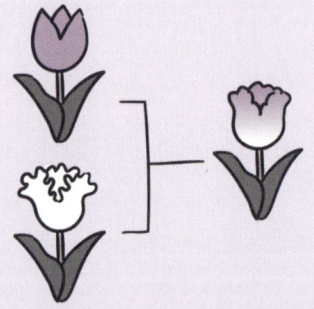

다양한 품종을 교배해 새로운 품종을 만들어 내요.

◀ 현재의 생명공학기술 ▶

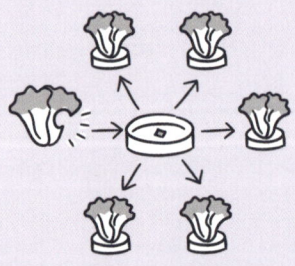

질병에 강한 작물 세포를 키워서 질병에 강한 작물을 대량으로 만들어요.

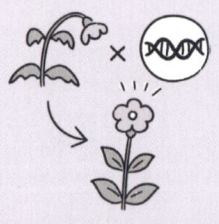

유전자를 재조합해서 질병에 강한 식물을 만들어요.

IPS 세포는 무엇일까?

세포는 될 수 있는 것이 정해져 있어요. 예를 들어 피부 세포는 피부만 될 수 있지요. 그러나 성숙한 세포를 어린 세포처럼 만들면 모든 종류의 세포로 분화할 수 있어요. 이것이 바로 IPS 세포예요. 부상이나 질병을 치료하기 위해 다른 사람의 장기를 사용하고 싶어도 몸이 받아들이지 못하는 경우가 있어요. 하지만 자신의 세포가 바탕인 IPS 세포로 만든 장기를 사용하면 그럴 걱정 없이 부상이나 질병을 치료할 수 있어요. IPS 세포는 지금까지 고칠 수 없었던 질병이나 부상을 치료할 수 있는 생명공학기술로서 기대를 모으고 있어요.

◀ 무엇이든 될 수 있는 IPS 세포 ▶

IPS 세포에서는 지금까지 인간이 만들 수 없었던 다양한 기관을 만들어 낼 수 있어요. 이 세포는 2006년에 일본 교토대학의 야마나카 신야 교수의 연구진이 처음으로 만들어 내는 데 성공했어요.

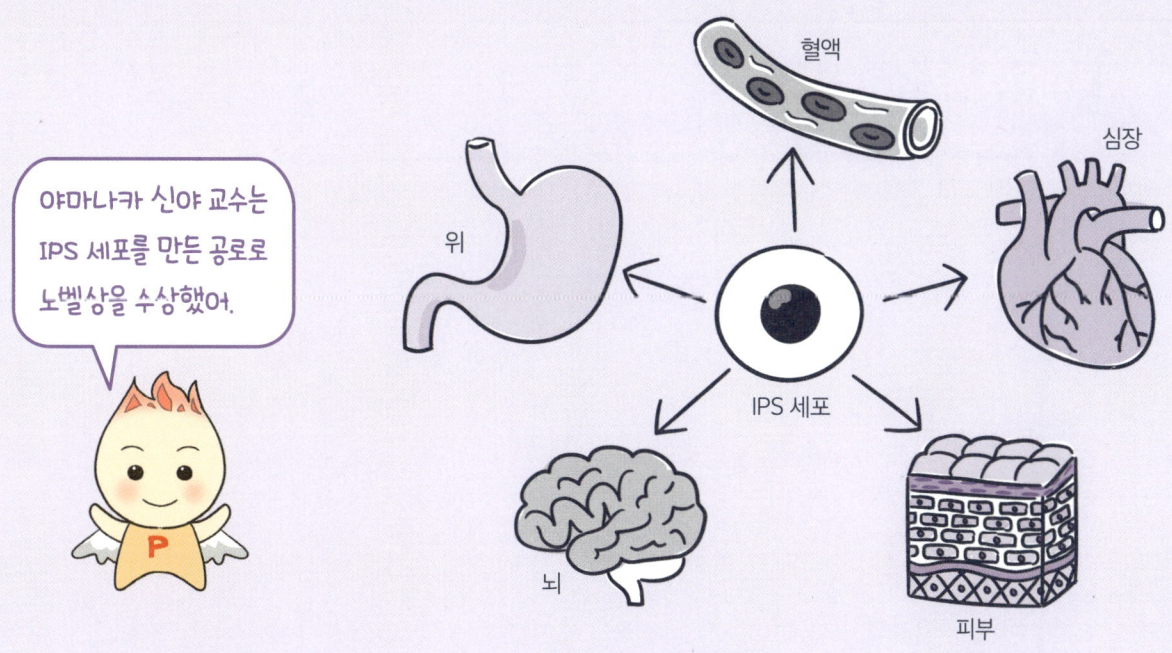

우리 삶에 활용되는 생명공학기술①

과거 품종 개량은 서로 다른 품종을 교배시키거나 인위적으로 돌연변이를 유발하는 방법을 활용했어요. 하지만 현대에는 유전자 재조합 기술을 통해 짧은 시간에 목적에 맞는 품종을 만들 수 있게 됐어요.

현재 유전자 재조합 기술은 우리 주변의 농작물 품종을 개량하는 데 널리 이용해요. 다만 '유전자 재조합 작물을 먹어도 정말 안전한가' '자연 환경에 나쁜 영향을 미치지 않는가' 하는 의견도 있어 연구가 이어지고 있어요.

◀ 과거의 품종 개량과 유전자 재조합에 따른 품종 개량 ▶

유전자 재조합 기술을 사용하면 과거의 품종 개량보다 짧은 시간에 효과적으로 품종을 개량할 수 있어요.

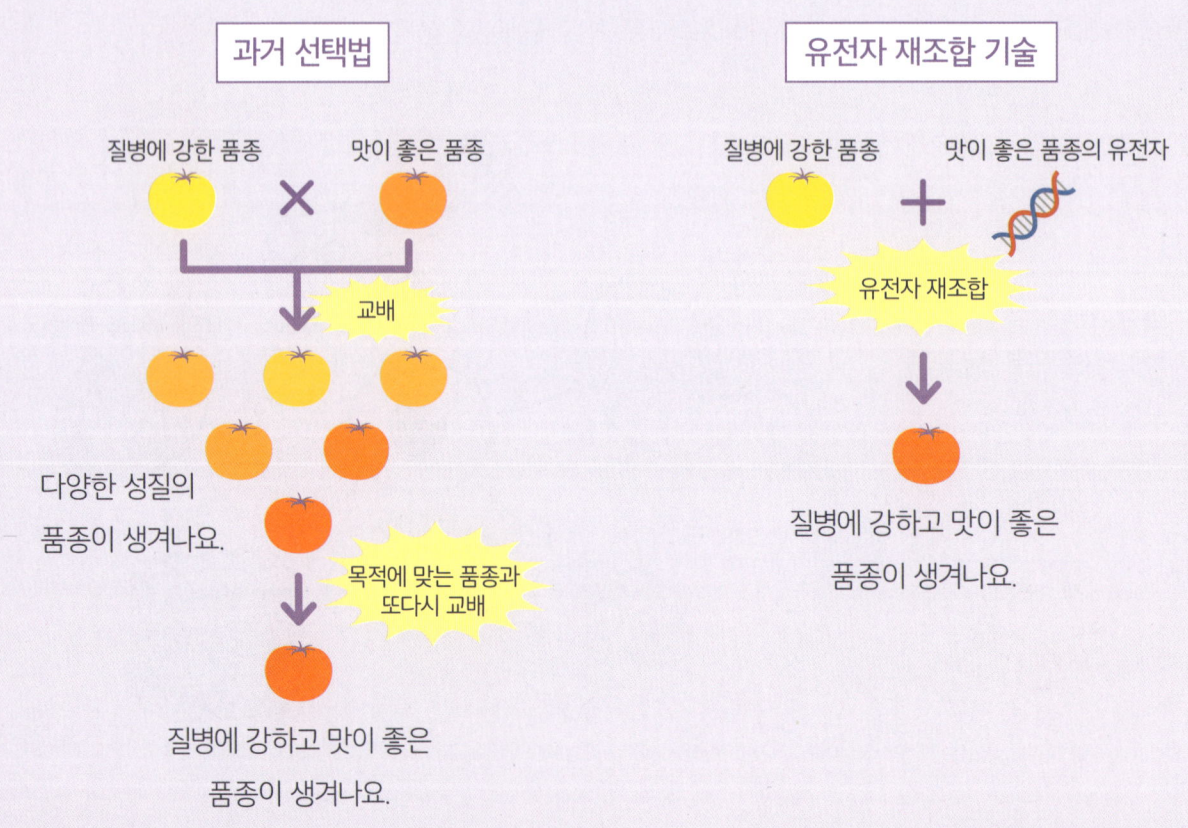

우리 삶에 활용되는 생명공학기술②

세균을 죽여서 질병을 치료하는 약은 항생 물질이에요. 최초의 항생 물질인 페니실린이 푸른곰팡이에서 발견된 이후로 생명공학기술을 통해 수많은 항생 물질을 만들고, 질병을 치료하는 데 이 물질을 이용했어요.

또한 유전자 재조합 기술은 당뇨병 치료에도 사용해요. 당뇨병은 혈액의 당을 조절하는 인슐린의 분비량이 부족하거나 정상적인 기능이 이루어지지 않아 포도당을 소변으로 배출하는 질병이에요. 과거에는 당뇨병 환자에게 소나 돼지의 인슐린을 사용했어요. 하지만 지금은 인간의 인슐린을 만드는 유전자를 심은 대장균이나 효모 같은 미생물에서 인간의 인슐린을 효율적으로 만들 수 있게 되었죠.

◀ 인슐린을 만드는 방식 ▶

건강한 사람의 세포에서 인슐린을 만드는 유전자를 추출해 대장균에 집어넣어요. 그러면 대장균이 인슐린을 만들어요.

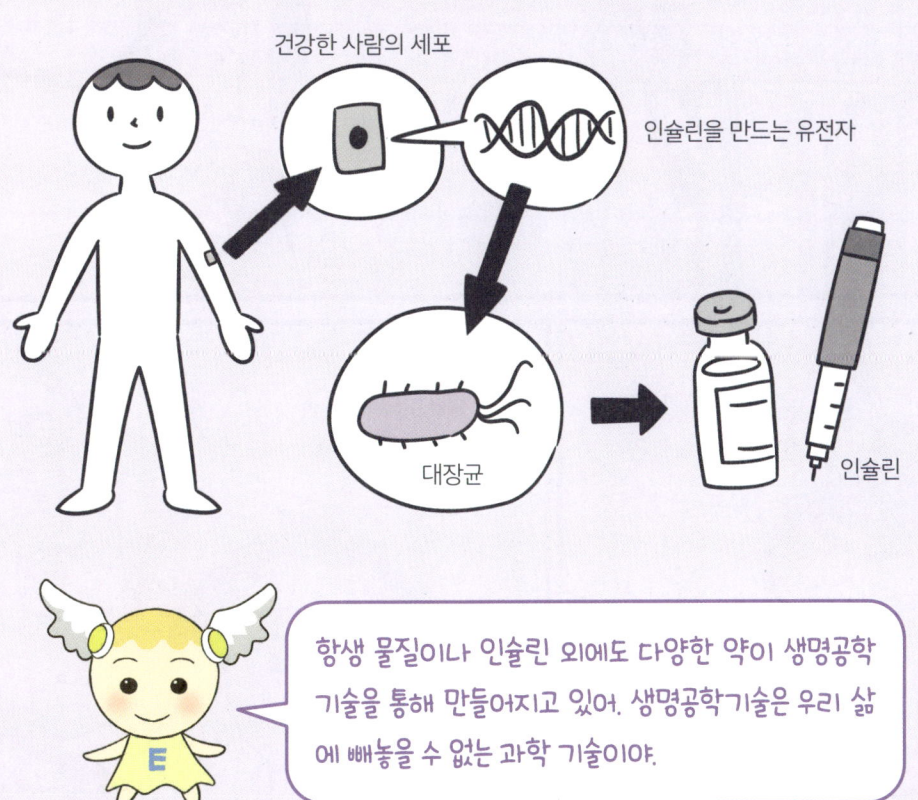

항생 물질이나 인슐린 외에도 다양한 약이 생명공학기술을 통해 만들어지고 있어. 생명공학기술은 우리 삶에 빼놓을 수 없는 과학 기술이야.

학부모 여러분께

과학의 기본을 익히는 초등학교 시절에 아이들이 즐겁고 적극적으로 배울 수 있는 방법을 전해드립니다.

 과학에 흥미를 갖고 그 흥미를 넓혀 가려면 어떻게 해야 할까요?

 우선 학부모 여러분이 호기심을 갖고 과학의 재미를 찾아보세요.

아이들은 '이건 뭘까?'라는 의문을 품고 질문을 던지는 힘인 '호기심'을 갖고 있어 이런저런 일들을 경험하고 체험하며 다양한 사실을 몸에 익혀 나갑니다. 아이들은 모르는 것이 있으면 호기심을 갖고 해결하기 위해 실제로 시도해 보려 한다는 뜻이지요. 그런 와중에 어른들에게 다양한 질문을 던질 것입니다.

아이가 어른에게 질문을 던졌을 때, 함께 생각하기 귀찮다고 대충 넘어가면 점차 아이들은 질문을 던지지 않게 됩니다. 주어진 지식을 외우면 그만이라는 사고방식이 생길지도 모르지요. 이처럼 호기심이나 탐구심이 약해지는 현실은 무척이나 안타까운 일이죠. 따라서 우선 어른이 몸소 두근거리는 체험을 하며 과학의 재미를 실감하길 바랍니다. 과학을 좋아하는 사람이라면 아이든 어른이든 강한 호기심과 미지에 대한 탐구심을 지니고 있을 겁니다. 학부모 여러분이 '재미있다'라고 느낀 것은 분명 아이들의 흥미로 이어져 호기심이나 탐구심에 좋은 자극이 될 거예요.

아이의 '왜?'라는 질문에 제대로 대답하지 못하겠어요.

 대답보다 질문을 함께 생각하는 게 중요합니다.

"이건 왜 그래?" "이건 뭐야?"라고 질문한다면 도서관으로 가서 함께 답을 찾아 주세요. 호기심은 과학의 첫걸음입니다. 가장 중요한 것은 아이와 함께 '신기한 일'에 흥미를 갖는 것입니다. 학부모 여러분이 공부해서 이해하기 쉽게 가르쳐야 한다고 생각하실 필요는 없습니다. 그건 무척이나 어려운 일이거든요. "그러게? 왜 그럴까?" 하고 아이와 같은 눈높이로 함께 책을 읽어 보면 좋습니다.

어릴 때는 이해할 수 없었던 내용도 중학교나 고등학교, 혹은 어른이 된 뒤에 해결되는 경우가 있지요. 그러니 아이가 의문을 곧바로 해결하지 못하더라도 유익한 질문을 꾸준히 갖는 것이 더 중요합니다.

아이의 질문에 모두 대답하는 대신, 아이의 질문에 함께 고민하는 자세를 갖도록 합시다. 그리고 아이와 함께 그 질문에서 재미를 찾아 주세요.